餐桌上的理性與感性

高中生的人文廚房

黃文儀、黃惠貞——著

讓人眼睛一亮的精采表現

◎高孟琳（全國高級中等學校教育產業工會理事長）

課綱是中小學教師教學的依據，過去的課綱調整，多集中於教學內容的變更，除了要反應各學科的最新研究成果，也需要因應社會發展的需求而進行增刪，但因爲內容多涉及各學科的專業知識，外界知悉不易。

最近的一〇八課綱修正，除了涉及升學制度的變革，引起各界關注和極大的討論之外，內容的改變也頗多爭議，也才因此使得「課綱」爲社會大衆矚目。但是，對教學現場而言，更大的衝擊反而是教學目標和方式的轉變。新課綱的變革中大幅減少必修時數，增加選修項目，諸如校訂必修、多元選修課程，授權予各校、個別教師，在議題教學的課綱框架中，自行規劃、設計適合各該學校學生特質和需求的課程，讓授課教師在教學內容上和方法上有更多的發揮空間。

新課綱施行已經數年，全國各地高中校園裡，有無數專業教師投入熱情和大量時間，設計出各種類型的特色課程，讓高中教育更加多元、活潑。就個人在教師工會職位上觀察得知的，便有各種非常具創意的閱讀分析、地方學探究、採訪踏查、實務操作等等課程。甚而，本工會也主動搭起橋梁，串接或組建各種教師專業社群。高中教學愈見活潑有趣，學習方式也不再侷限於書本、補習或背誦。這確實是一個好的發展方向。

在此創作新課程的風潮下，新北市立板橋高級中學的兩位黃老師，將對食物的愛好，結合各自在語文、社會領域不同的教學專業，研發出「餐桌上的理性與感性——高中生的人文廚房」這門多元選修課，把研發的教材講義、課堂上學生的實作紀錄寫成專書，正是這股「創課風潮」下讓人眼睛一亮的精采表現。

這門旨在透過飲食延伸出各項社會議題的課程，除了大量使用影音素材做爲教材之外，還有烹飪實作、戶外實察以及每週踏實的分組討論。這門一學期兩學分的課程，實際上是由兩位老師協同教學，從自訂教學目標、蒐集素材、撰寫教材等基礎開始，眞正把教室變成廚房和餐廳，指導學生從原料食材製作出具有文化特色和價值的菜式，再從中討論出文化意義和文學想像。

可以想見兩位老師做足功課、費盡心思的過程有多麼的不容易。閱讀此書，除了讓人羨慕板橋高中學生的幸運之外，也不免想要呼籲教育部應該在落實新課綱時，能夠投注更多經費，在法規上給予更大彈性，讓研發課程的教師們能夠降低基本授課時數，來支持教師們持續發展新課程以落實課綱精神，而不只是徒然倚賴教師個人的教學熱情。

本書的出版可以證明高中教師的專業和教學量能不可小覷，也能鼓勵更多教師發揮專長，自行研發、設計課程。對一般社會大眾來說也有很大價值，讀者除了可以一窺現今高中校園的課堂風景之外，也可以從本書中習得飲食的相關知識，思考自身與飲食之間的關係。

書中以季節、阿媽家、貧窮、新世代的滋味爲題，分別論述食物和自然環境、家族、社會發展以及世代差異之間的關係，並融入各項議題，凸顯出「民以食爲天」是學校教育不該迴避的問題。對於我輩在學期間無法習得的生活知識也極具補課的意義呢！

推薦序

有滋有味的課堂風景

◎賴春錦（新北市立板橋高級中學校長）

一〇八課綱下的高中課程百花齊放，教師結合興趣與專長，設計出統合生活與知識的多元課程，培養高中生多元的素養。板橋高中的「餐桌上的理性與感性」多元選修課，則結合了閱聽討論與料理實作，讓課堂上的風景全然改觀。

文儀和惠貞兩位老師，任教的科目分別是國文與歷史，但因著她們對於飲食的高度熱情與對文化的深度潛修，在一〇八課綱開始後，便主動地開出一門跨領域的多元選修課。

文儀利用課餘時間進修專業烹飪，擁有中餐、西餐及麵包烘焙的丙級證照。平時在校常舉辦各類飲食文學講座，除了知識的分享，總是搭配相應的料理食單。記得二〇二〇年圖書館閱讀週的活動，文儀舉辦一場文學分享的「愛玲宴」，大家品味代表愛玲傳奇的饗宴時，也走入文學的時空。

惠貞博學多聞，旅遊行跡遍及各國，也是一位美食家，她對於各地飲食文化如數家珍，尤其在飲食文化的新思維，具有豐富的見聞。她認爲「餐桌就是教室」，透過對於飲食文化的認知與討論且動手實作，讓學生從生活實踐中體認飲食教育。

兩位工作夥伴默契絕佳，惠貞建構出課程主軸，兩人共同規劃課程內容，文儀負責每堂課程的料理實作，合作無間。這是一門紮實豐富的選修課程，也是板橋高中近年選課時秒殺的課程。

每週四上午的兩堂課，自前置洗菜備料、文章或影片賞析討論再到掌鍋執鏟親自料理，學生開啟五感的學習饗宴，還能端上足以大快朶頤的美味料理，從一開始的手忙腳亂到期末的熟能生巧，建立他們對於廚事烹飪的自信，所以這門課總是獲得學生們的熱烈好評！期末的多元選修成果發表，不管是代表冬季歲末的「辦桌」宴，還是在疫情時間設計出給弱勢族群的愛心便當，都可以看出這門課程的豐富內涵！

做爲本書的催生者之一，很榮幸能先睹爲快引文推薦。飲食是日常的必要，也是庶民文化的呈現。然而現今生活步調的緊湊，學生三餐外食，嗜喝手搖飲的情況屢見不鮮，如果可以引領他們了解食物與土地和歲時的關係，教室即是各方風土的餐桌，飲食就不再只是滿足口腹之欲的日常小事，所以這堂「高中生的人文廚房」多元選修課程別具意義。

文儀和惠貞告訴我：「高中生的人文廚房，願望很小：就是想讓高中生能在廚房裡遊刃有餘，自在地料理日常飲食，烹煮出屬於自己的家常味！高中生的人文廚房，野心很大：端上餐桌的飲食可以開啟內觀自我與認識世界的窗口。」我期待這樣的課程以及這本書都能讓學生與讀者看到更寬廣深遠的飲食世界！更期待有更多跨領域的課程在高中開課，豐富學生的學習，更豐厚他們未來的生活。

自序

烹調的滋味是傳承的記憶

◎黃文儀

童年的記憶中，幾幕深深烙印心中的影像都是外婆在烹調料理的身影：一刀刀刻著冬瓜，塡進各味的食材，蓋上冬瓜蓋時仍不忘鏤上條紋圖案。兒時的我，看得目不轉睛，眼巴巴地望著這鍋冬瓜盅終於可以端上桌，掀開瓜蓋，衆人歡呼享用，這是幻化食材美味以及凝聚家人情感的儀式。

後來外婆病了，詭譎的病況煎熬了她好幾年，但她仍不時以拿手的食物來撫慰家人。我國小即將畢業時，老師以一家一菜的方式在班上舉辦了謝師宴，母親召來外婆坐鎭在自家廚房，煮起大鍋的肉羹和炒米粉，左鄰右舍聞香後也過來幫忙，孱弱的她依舊是指揮若定的大將，調配各方助手從容料理。一鍋鍋的米粉和肉羹就從自家廚房沿著小巷道，進了學校後門再端上教室的課桌，那幕外婆指導母親忙碌的畫面，那股沿街四處飄散的香氣，那些師長和同學吃得眉開眼笑、讚不絕口的印象，至今仍歷歷在目！許多童年往事都已淺淺淡淡地如潮水刷過的足跡，唯獨這幾幕鐫刻心版的樂曲，在人生故事的留聲機裡款款流瀉……。

食物的滋味所串起的美好人情是外婆傳承給我的家族記憶。國二時，久病的外婆還是離我們而去了，但與烹調料理交疊的記憶迄今還是在我家的餐桌上傳承著：憑著幾分熱情與戇膽，還有親朋好友學生們從白老鼠階段當成了固定的食客，由著我在廚房裡恣意揮灑、舞刀弄鏟，從戰戰兢兢的不成氣候到如今也算能從容以對、談笑用兵。在家中辦過無數場的家宴，有三五好友的溫馨聚餐，有幾個家庭連隔日便當都帶來裝盛的歡樂飲宴，甚至還有三、四十人的流水席，眾人或坐或站，圍著滿桌菜餚，熱鬧喧騰，一樣吃得腆腹而歸。

好友曾以「座上客常滿，樽中酒不空」來形容寒舍的餐桌。我當然沒有孔北海的才情器識，也承擔不起這般盛讚。但對於烹調料理總能樂此不疲，其眞摯款客之情，應如〈勞山道士〉裡的樽中之酒——「往復挹注，竟不少減」啊！在自家餐桌上分享交流的也不只是一道道料理，更有溫厚飽滿的人情，在飄香的菜餚裡有我們相識相知的回憶，在引觴滿酌中有你我閱歷人生的苦澀與回甘。

不管是在自家廚房裡的閉門造車還是出外拜師學藝，中西式料理，我都想不斷地精益求精，烹調的熱情不減反增。日積月累下來，有了幾批固定的食客班底，還有緣起不滅下的有情餐聚。從廚房到餐桌，外婆與我的身影似乎已然交疊，我們都樂於煮食、樂於分享、樂於傳承。

與我同一辦公室的同事惠貞，是美食的同好，在飲食文化上頗有研究，喜歡旅遊的她吃遍各地，不吝與我分享各地飲食文化的觀察。喜歡奇思妙想的她常靈光乍現地出點子，對烹調有熱情的我會想方設法地具體實踐。我們無心插柳地在校內辦過一場場有吃有聊的飲食文化講座。例如有一回，她遠遊波蘭賦歸，送給我的一包酸湯即食包，後來竟意外地辦了一場關於波蘭菜的飲食講座，歐嬤麵包店的農夫麵包盛裝著波蘭酸湯便是那場講座的亮點。所以我們一聊起食物總是滔滔不絕、話題不斷。

在交流想法的過程，我們對現在高中生的三餐飲食上幾乎是以外食爲主，家長們忙於營生工作，家裡多半是空盤冷灶感到不勝唏噓。約莫四年前，她就提議我倆一起開設飲食文化的多元選修，讓學生學會基本的料理方式，懂得如何爲自己準備簡單的日常飲食，並進而了解食物的背後是有深厚的知識背景與文化傳承。這樣的發想經過了幾年的醞釀，在去年終於因緣具足地開張了，課程名稱是我們都喜歡的「餐桌上的理性與感性——高中生的人文廚房」。

從廚房到餐桌，在緊湊的步調與外食普及的生活中，已成爲快要消失的畫面，更遑論在季節的流轉裡品味著時著食的在地佳餚，感受歲時風土的滋味！高中生的人文廚房，願望很小：就是想讓高中生能從容地進入廚房，自在地料理家常滋味；高中生的人文廚房，野心很大：端上餐桌的飲食可以開啟內觀自我與認識世界的窗口。不管可以達到多少的預期目標，我們的廚房教室就此開張了！

是的！廚房就是我們的教室！有油鹽醬醋的直接對話，有刀鏟鍋瓢的正面交鋒，亦有對於各種飲食文化的引導與討論，我們帶著學生們走入生活化的教室裡，我們兩位校園的沙場老馬也從國文與歷史的課堂進入更眞槍實彈的實境教學裡！

餐桌就是教室：為新世代建立一間人文廚房

◎黃惠貞

我是一個被阿媽餵養長大的孩子。印象中，除了喜宴之外，十歲以前很少有外食的經驗，我的兩位阿媽手藝不算高超，她們所做的就是在市場採買新鮮的食材，用她們所知的家常手法讓我們吃得飽、吃得健康。

我的黃家阿媽很重視節慶食物：清明的春捲餅、夏至的蒲仔麵（嘗新）、端午節的粽子、中秋節的「米粉芋」（祈禱子孫都有好頭路）、冬至補冬的龍眼乾甜米糕（相信可以治療小兒夜尿）、過年的炸年糕，還有逢年過節祭祀拜地基主一定要用的滷雞腿（通常是做為金孫的弟弟專屬的）。幼年的我，很早就知道不同的日子有不同的食物，食物標誌著生活的滋味，不只是味覺的，還有季節與歲月的。

而我的吳家阿媽非常偏食，她只愛甜食和任何很純粹的食物，我還記得她瞞著媽媽爲我們偷偷做的蜜番薯，以及非常「厚工」得花上三天準備的竹筍湯。蜜番薯只用砂糖、麥芽糖和很賤價的小條番薯，在大鍋中糖被熬成蜜汁，小番薯在大鍋中翻滾，冒出的蒸氣中有焦香甜蜜的氣味。阿媽的竹筍湯更是一絕，盛夏時節揀選天清日豔的日子，阿媽會將煮湯的鍋子一一刷洗乾淨，一絲油垢都不得殘留，亮晃晃的金屬鍋在豔陽下曬得熱騰騰，金屬味盡去之後，隔日清晨上市場買來剛剛挖出土的帶殼綠竹筍，立刻洗淨泥土後切塊下鍋滾煮。只有清水、綠竹筍（長大後我才知道那是台灣特有的烏腳綠竹筍）以及調味的鹽，筍湯清清如水，下午放學回家，打開冰箱，鮮美的筍湯就是最解渴消暑的飲料。後來，我才知道那是我對鮮味深刻著迷的最初源頭。

食物不只是味覺和嗅覺感受的加總，它還和記憶以及其他有關。

我在課堂上和學生分享與食物有關的記憶，青少年們覺得不可思議：「哪有那麼複雜？」「就是吃而已啊！」仔細觀察他們的飲食，近年來午餐來自自家便當的小孩愈來愈少，蒸飯箱的需求從每班一個變成一個樓層一個就夠用。儘管自小吃學校裡的「營養午餐」，但是高中生們的日常三餐，早餐是美而美的漢堡配冰奶茶，午餐是學校合作社的便當，晚餐在趕往補習班前買一份加熱滷味就是一餐。校慶園遊會、運動會可以叫外賣時，炸雞、披薩、漢堡是他們的最愛，洋芋片是學校合作社最長銷的熱賣零食。

工業革命之後，爲了配合工廠運作（而學校則模擬工廠的規格化），現代人被規範成一天固定吃三餐的勞動者。爲了增加效率，必須出門上學、工作的人只能將製作吃食的工作外包，由小吃業者、餐廳，乃至於中央廚房代行，多數以工業化食品維生。

這樣的飲食方式使人拋棄了在自然裡，從泥土中生產、發現食物的動物本能，也拋棄了祖先在歷史演變、與土地互動當中發展出來的烹飪文化。長此以往，再一個世代之後，「家的味道」將爲工業化食品取代，做爲歷史教育工作者，我很難不認爲這是一種遺憾。

再者，台灣社會的主流價值觀也認爲日常生活的操持和實作是不重要的，教育應該要注重抽象的知識和道德，透過紙筆測驗的考試篩選機制，考高分、上好學校、取得高大上工作、賺大錢。然後，日常生活的食衣住行，乃至於育樂全部用錢解決就可以了，有錢就會有健康、有快樂。我們不認爲自己掌握衣食住行等生活能力是獨立人格的根本。

爲了解決焦慮，我在二〇一三至二〇一五年間，連續三個學期開設的每週一學分的自由選修課（沒有實作部分），課程名稱「與美味相遇」取自法國米其林星級名廚亞藍・杜卡斯（Alain Ducasse）的飲食文化著作《Rencontres savoureuses》的中文譯名，由於沒有相關設備無法進行實作，課程流於紙上談兵。甚至，部分學生認爲，課堂上提到的諸多飲食觀點只是批評現狀，未必有可行的做法。

但是，其中一次與外籍學生「認識台灣飲食」文化課程結合的段落，舉行過兩次實作課程，在有限的設備器材中，透過討論決定具有文化意義的菜色，並進行分組實作的課程中，學生發揮創意和動手操作卻能達到原先意想不到的效果，也促使課程內容進行調整。接下來，在二〇一六、二〇一七年，爲因應一〇八課綱的實施，在校內特色課程研發群組中，與校內國文科夥伴文儀共同設計發想，修正補充內容成爲「餐桌上的理性與感性」課程。

二〇一七年下學期，結合本校語文資優班的專題課程，由我個人先開設爲每週兩小時、包含講述與實作的跨科合作的課程，但因爲我個人廚藝不佳的緣故，烹飪實作的部分並不到位，但優秀的學生倒是產出了不錯的小論文。到二〇二〇年，在因緣具足的情況下，再與文儀一同合作，結合我倆的學科專長，課名訂爲「餐桌上的理性與感性——高中生的人文廚房」。在分工上，形成由我主司理論講述、文儀主司烹飪實作的多元選修課程，以上下學期不同且具季節性的食材，搭配飲食文學和飲食教育文本的閱讀理解，以及詮釋食材的烹飪實作進行課程。這本書的形成就是這一年課程實踐的結果，是我們的教材和課堂風景的總集。

做爲中學教師，我們經常自詡爲學術研究與生活應備常識之間的翻譯者，是父母親與青少年世代差異的協調者。同爲愛好食物且又是文學和史學不同領域的學習者，我們自身也經常對話、互相取經、激盪腦力。因此，我們希望這本書的寫作可以是（或者促成）一場跨世代、跨學科領域、跨理性與感性邊界的在餐桌上的對話。

本書的內容有以下四部分：

一、「季節的滋味」用來說明華夏傳統與西方近代交流的曆法變遷、溫帶的節氣觀在台灣的適用，以及飲食和環境保護結合的新人文主義觀點。

二、「阿媽家的滋味」用來說明台灣漢人的飲食傳統，和近年來因新住民而帶來的與東南亞的互動與交流。

三、「貧窮的滋味」用來說明過往台灣常民飲食傳統的形成，在戰爭、經濟匱乏的情況中，艱困求生也能追求幸福，以及上層階層飲食文化如何下滲於大眾社會的全球史視野。

四、「新世代的滋味」用來說明在西方科技影響的現代化趨勢下，台灣的飲食文化如何受到工業化飲食的影響，並探索未來可能的因應之道。

我們相信「吃是一種公民行動」，希望學生能夠透過閱讀文字文本、影像資料、採訪、實作等方式理解日常飲食的來源，以及其中操作控制的自然力量與社會機制，並且能夠感知其中的自然環境現象、社會人文背景，了解日常生活背後運作的機制，從而建立己身生活的自主性。同時，也有能力追溯食材、烹飪方法、飲食習慣等等的地理環境、文化歷史的背景，透過食物中追尋己身的文化，產生認同，對生產食物的人物、土地產生責任感，並能區別工業化之下各種便利性機制必須付出的物質成本與文化代價，從而更能夠認識現今我們所存在的世界。

這是以餐桌爲教室的學習，也是一條從手到口舌、從大腦到心靈的自我發現之旅。我們期許本書成爲適合親子、師生共讀、同做的飲食教科書。當然，不同文化、階級、性別背景的家長肯定還有很多可以補充的，正如法國名廚亞藍．杜卡斯所說：「烹調的創作就如同所有的藝術，是一場發現之旅，其中包含穿越時空的邂逅，對抗遺忘的故事。」但是，這場邂逅也誕生於不同文化和認同的交錯。

於是，一場奔向衆多目的的旅程因而展開。

目次

第二章　阿媽家的滋味

第三章　貧窮的滋味

第四章　新世代的滋味

第一章

季節的滋味

黃文儀、黃惠貞老師的課前對話

貞：季節的滋味，一開始想的就是「從產地到餐桌」的概念。想到小時候和阿媽上市場買菜，不同的季節就有不同的菜。

儀：是啊！這個春假到屏東逛傳統市場的感受特別深刻。攤架上賣的蔬果就充滿春天的滋味：蘆筍已上市，頎長嫩脆；還看到很少見的絲瓜花苞花莖，各色蔬果都充滿了季節感。

貞：阿媽總是挑便宜的菜來買，因爲著時的好吃又便宜，不著時的就「歹吃貴」。

儀：不同的季節配合各地的風土，土地會滋養出不同的作物。

貞：眞的要去傳統市場才能看到著時的食材。超市一年四季都差不多，現代都市人都只吃固定的幾樣食物了。我記得連海產都有季節，狗母魚是秋天的魚，阿媽會買回來做魚鬆，我們小孩眼睛利，幫忙挑刺就可先偷吃。四、五月就有小管，吃得滿嘴都是墨汁的黑。

儀：現代因爲有了冷凍保鮮的技術，發展了溫室栽培的作物，不少食材一年到頭都可以見到，所以都市人的飲食漸漸失去季節的感知。

貞：是啊！跟著季節吃，很多食物一年只有一回，所以特別珍貴。像枇杷的產季就是短短的一陣子，水果也是順著時令一輪一輪接著吃。

儀：眞的！跟著季節來飲食，可以吃到風土自然的美味：吃烏魚，曬烏魚子；吃蘿蔔，曬蘿蔔乾，都有一定的時令節奏。

貞：對啊！枇杷、荔枝、李子、脆桃上市就是端午節了，然後蓮霧、龍眼，看到柚子就是中秋節了。

儀：啊！好有畫面感！跟著飲食遞嬗而一飲一啄，人與自然才有交流互動。

貞：在外婆家過暑假，下午的點心就是院子裡的土芭樂、阿媽泡在水缸放涼的西瓜，偶爾有鄰居送的土芒果，或是隔壁田裡現摘的玉米。

儀：在不同的季節享受不同的食物，甚至連節慶食物也充滿濃濃的季節感。清明吃春捲，包的就是春天正嫩的芽菜嫩蔬。

貞：秋天就要吃一回螃蟹，冬天要補冬，至少要有燒酒雞，小小孩就吃甜的龍眼米糕，說是可以治夜尿。

儀：中秋節吃柚子，春節做蘿蔔糕、紅豆年糕，都是跟著季節來飲食。

貞：真的！應該要帶小孩去傳統市場買菜的，那裡就像個學校，學生活的日常和人與自然、動植物的關係。

儀：是啊！我喜歡去傳統市場，去發現當令的食材，還可以請教料理的方式。

貞：我外婆家在台東卑南的鄉下，過年時村子裡的外省人還自己殺豬，養了一整年的豬，一部分過年吃，然後一部分做成臘肉，連家禽家畜的生長宰殺也順應季節的節奏。

儀：現在一般人很難做到這個程度，但至少可以去找回或建立飲食的季節感。

貞：我後來看《自耕自食．奇蹟的一年》，才發現西方人也是這樣的。殺動物來吃都是儀式，很慎重的。對季節無感，遠離產地之後，食物都不被尊重了。

儀：我最初的啟發是日本作家塩見直紀的《半農半 X 的生活》，才驚覺現代人的生活已經與土地嚴重脫節了，所以季節的滋味就是找回人在大自然裡的靈魂。

貞：嗯！就是人與天地萬物和鳴。

季節的滋味

◎黃惠貞

季節的運行決定怎麼過日子，也和吃什麼有關。

古人很早就發現生物活動遵循年度週期的規律（稱爲「物候」），每天都會有細微的物候變化，累積一小段時日就會產生顯著的差異。公元十三世紀，元帝國統治下的地理學者吳澄卽著有《月令七十二候集解》一書，來說明中國大陸地區的動、植物在不同季節中的物候變化。

在人類的食物都取自大自然的時代，飲食也會隨著季節而變化，《論語》裡就說孔子「不時不食」，這是指非當令季節的東西不吃，也就是今日日本飲食文化中強調的

「旬味」概念。旬是十日，而一個節氣約是十四日，就是一種跟隨節氣吃食的文化。

節令吃食，人們最熟悉的是蔬菜。在中國北方有俗話「早春的韭，晚秋的菘（白菜）」、「六月韭，臭死狗」，台灣人也會說「正蔥二韭，加好食雞肉脯」（比雞肉更好吃），說明當令的蔬菜最美味，吃食合乎自然既符合食物生產季節，也更適口悅人。這就是長時間累積出來的關於食物的智慧。

在華夏文明的陰陽五行思想中，每個季節都有相應的陰陽卦象，也有五行、五色、五方、五臟、五味思想蘊含於其中。四季（春夏秋冬以及長夏）對應著木火土金水的五行，以及辛苦甘酸鹹的五味，把個人身體五臟內的小宇宙與天地運行自然的大宇宙對稱連結起來。由此，不但形成華夏文明的哲學思想，更由此演繹出人和地產之間的關係，同時也決定了人們的生活節奏。直到今日，每年行政院人事行政總處在五、六月公告次一年的行事曆時，其中民俗節日的日期也仍然依照這一套文化所衍生出來的曆法和生活節奏。

只是，在今日工業文明興盛，各項科技的利用雖使得現代人生活更加方便，但也在都市生活中變得對四季無感，食物從產地到餐桌的距離愈來愈遙遠，也漸漸五穀不分了。傳統的「歲時」已經變成「隨時」，若沒有放假，星期幾比什麼節氣更重要，連粽子、月餅這些節慶食物也都不再有專屬意義，節慶感愈來愈薄，食物的意義和珍貴性也更少了。已故的飲食作家韓良露就曾大聲疾呼，應該將這套包含二十四節氣的曆法拿去向聯合國申請「非物質世界文化遺產」，而且爲了個人身體健康與環境永續發展的需要，更應該重新找回飲食和季節節奏合拍的生活習慣。

或許，重新認識這套曆法會有助於我們重新感知季節，甚或再思考飲食與自然節奏的關係。

古代的曆法及其重要性

二十四節氣是華夏地區古人從太陽的光影變化中歸納出來的季節運行規則。以立竿見影來觀察，正午竿影最短的日子是夏至，最長的是冬至，晝夜一樣長的是春分和秋分。春秋戰國時期（公元前六世紀）黃河流域地區的人們就已經記載了「二分二至」的觀念，到漢帝國成立（公元前三世紀）時，以農立國的人們已經根據太陽在天空中的角度、日照的長短編定出二十四「節氣」，並觀察日常生活中的動、植物在季節更動時的細微變化，訂出七十二「候」，又透過觀察月亮的盈虧以做爲計算日子、農事操作、歲時祭儀的準則。那樣的計算時間方式，確認人是在自然中生活的，個人的生活與宇宙天地互動，生活很有感。

公元前三世紀漢武帝便頒布「太初曆」（東漢時期又由劉歆重新修訂爲「三統曆」），以這套系統完整且行諸文字記載的曆法，在其統治的帝國中實施，並且將過去以冬至的十月爲歲首的紀年方式改爲正月爲歲首。因爲這套曆法與農業關係重大，又被稱爲「農曆」。現代人常誤稱爲「陰曆」，卻不知道這是一套同時可以解釋太陽以及月亮運行關係的陰陽合曆。這是當時世界重要的天文成就，而且也具有深刻的政治意義。

這種計算曆法並授與訂定年月之標準稱爲「正朔」，在古代世界被認爲是與上天溝通的重要形式，只有統治者才有權進行。在實行皇帝制度的時代，曆書也被稱爲皇曆，必定要由皇帝頒布，所以「奉正朔」一詞，就代表著政治取向效忠與否的指標。我們常說曾經統治台灣的鄭成功家族所經營的政權是「明鄭」，就是這一綿長傳統在台灣的實例。儘管明帝國最後一位皇帝朱由榔已經在一六六二年死亡，但是，該政權始終以他的年號「永曆」爲紀年基準，一直到一六八三年台灣被征服，成爲大清國的領土爲止。所以，一直到大清帝國滅亡、皇帝制度被推翻前，在民間都是禁止私人學習天文曆法學的。

自漢帝國頒布「太初曆」以後，凡遵循這套曆法生活的人們都被稱爲「漢」人，所謂的「漢文化」也和編制這套曆法的思想、制度密切相關。這套曆法隨著漢字的傳布，影響到東亞其他地區的農業文明，朝鮮、日本、越南的統治者都曾使用同樣的曆法觀念來治理國家。只是，這套立法仍有其不足之處。當時的天文學家推算出一個朔望等於29又81分之43日，雖然已經非常接近現今科學實測結果的29天12小時44分28秒，但是，大約每百餘年就會誤差一日。因此，每隔一段時期，政府必須要有能力處理這種曆法和實際季節的差異，以利農業工作有所依循而使收成穩定。「風調雨順」才能國泰民安，靠的就是觀測天文、制定曆法的能力。

明末的崇禎改曆與西方傳教士的「時憲曆」

漢帝國的太初曆之後，隨著天文和算數的發展，一直都有新的曆法出現。而且隨著遊牧民族進入長城以內、聯通絲路，其他文化區計算曆法的技術也進入到漢文化區（所謂的中原地區）。十三世紀時，吸收了來自伊斯蘭地區「回回曆」的技術，郭守敬制定出「授時曆」成爲元帝國統治的正朔。明帝國以後則改稱爲「大統曆」。

但是，該曆法計算時，還未把地球自轉又公轉的「歲差」（地球自轉軸偏移）現象納入，因此在實施了三百多年之後發生極大的誤差。明帝國晚期，一六二九年六月二十一日發生日食，但欽天監（即皇家天文台，掌管觀察天文、推算曆法、授時等工作）的大臣根據大統曆的推測卻是錯誤的，而禮部侍郎徐光啟依據西洋傳教士帶來的西式曆法卻做了正確預報，於是崇禎皇帝准許徐光啟開局改曆的請求，延攬西方傳教士協助修曆。

十七世紀時，西歐海權國家在亞洲地區進行殖民擴張，許多人爲了個人財富、國家榮譽、以及傳播基督教福音（史家稱爲三G運動：glory、gold、gospel）來到東亞，並進入明帝國境內，一五八三年來華的利瑪竇（Matteo Ricci）就是其一。爲了和當時的士大夫往來，他積極介紹當時西方的天文、算學和物理化學知識，也帶來許多天象儀器、自鳴鐘、世界地圖等新奇之物。儘管當時有許多地方官和朝臣對於基督教義和傳教士的行徑有諸多質疑，甚至發生過多起大規模排斥、迫害傳教士和中國教徒的「教案」風潮，但是傳教士們還是憑藉其優異的天文曆法知識得到皇帝們的信任，在欽天監任職，並得以繼續傳教。今日台灣農民曆依據的計算基準就是來自日耳曼的湯若望（Adam Schall）等西方傳教士主導修訂的「時憲曆」（源自明末的「崇禎曆書」）。

湯若望的這本曆書內容分爲兩部分，一是傳教士們翻譯的西方天文學理論，第二部分則是依據這些理論推算得出的天文表。在理論部分，該書採用的是介於哥白尼（Nicolaus Copernicus）日心說和托勒密（Claudius Ptolemaeus）地心說之間的第谷（Tycho Brahe，十六世紀丹麥天文學家）宇宙體系，地球仍在宇宙中心，太陽與月亮繞地球公轉，但五大行星則是繞太陽公轉。該書確定了今日農民曆中十九年中有七年置閏月的方法，並且是以實測太陽黃道位置來確定二十四節氣。歷代舊法是將地球繞太陽運行的軌道平均分配來訂節氣（稱爲「平氣」），但是，這個軌道是橢圓形的，靠近太陽時自轉速度快，遠離太陽時則速度慢，因此節氣的間隔並不平均，這會導致節氣失準。

時憲曆則採用「定氣」方法，各節氣之間的間隔並不一樣，同時，也確定以前後兩年的冬至之月爲標準，扣掉冬至所在之月分若有十二個完整月，便以沒有中氣的月分置爲閏月。由於北半球之冬季較接近近日點，冬季節氣之間較短，容易分配到中氣，依據時憲曆的置閏方法，農民曆的閏月比較容易發生在夏季，所以，就有了「長夏」這一「四季」之外的季節以對應「五行」。

這樣以置閏月的方法調節太陽年和朔望月的誤差的好處是可以確保季節的確定性，農曆每年的十、十一、十二月一定冬天，四、五、六月一定是夏季，用以精確地指導農時。這套曆法經過後來多位來自日耳曼、斯洛維尼亞的傳教士接續修訂，一直用到大清帝國結束。同時，他們還留下一套可以推演未來兩百年節氣的「萬年書」，預推到宣統二百年，也就是公元二一〇八年。想不到我們的「小日子」竟在那麼久以前就已經被決定了呢！

中華民國成立以後，官方改採公曆，又稱爲「國曆」，並且以民國紀年。但是，社會上對公曆還是很冷淡，一般人還是依照舊曆（農曆）慶祝新年，當時甚至還有「民國的新年」和「國民的新年」相互對立的說法哩！北洋政府時期，官方頒布的《中華民國曆書》雖以公曆爲主，但仍然登載舊曆（參看「中華民國元年月分牌」網路照片）。一九二八年由國民黨主持的國民政府統一爲代表中華民國的中央政府以後，於一九二九年頒布「國民曆」（依據國立中央研究院天文研究所根據中原標準時間所測定之曆法）卻不再登載舊曆，意圖藉此廢除舊曆。

但直到今日，這種包含節氣的農民曆還在民間盛行，而這都還是奠基於崇禎曆書到時憲曆這套西洋傳教士編定的曆法系統下而生的。只是，隨著皇帝制度的崩解，頒布農民曆再也不是中央政府專斷的權力了！

格里曆的施行與今日的公曆

中華民國成立後，改用國際社會普遍使用的「公曆」，也叫做「格里曆」（拉丁語是Calendarium Gregorianum）。這是由義大利哲學家兼醫生利利烏斯（A. Lilius）改革傳統使用的儒略曆（Julian Calendar，公元前45年開始於羅馬帝國中使用）而來的。此曆原爲每年三六五．二五日，與平均回歸年（從地球上觀看，太陽在黃道上經過相同點所經歷時間的平均數）每一百二十八年就誤差一日，到一五八二年儒略曆上的春分與實際地球公轉到春分點的時間相差十天，導致教會當年在計算復活節（春分後月圓之後的第一個星期日）時發生錯誤。於是，教宗公告變更曆法，規定一五八二年十月四日隔天即是十月十五日，但原星期的週期不變，以糾正這十天的誤差。

這套曆法和儒略曆一樣，以耶穌誕生年爲元年（今人考證應該是前四年），這套計日方法沿用至今，因被國際廣爲採用而稱爲「公曆」。有趣的是，教宗額我略十三世（Gregorius PP. XIII）頒行公曆的一五八二年，正是開始改變農民曆的利瑪竇抵達大明帝國的前一年。今人所謂「傳統」的農民曆都是在此之後，學習西方天文學知識、在西方傳教士手中才制訂出來的。由此觀之，「公曆」的誕生實早於今日所用的「傳統農民曆」啊！

目前，中國大陸民間流行之農曆會有各種版本，多數人會參考一九二九年南京紫金山天文台編的《中國天文年曆》（俗稱紫金曆）。這套曆法經過一九五九、一九八四、一九八六年多次修訂，但都是基於時憲曆推演出來的萬年曆。但是，卻也曾出現過各單位推算不一致的情況，例如：一九七八年的中秋節，香港推算出來的日期就比中國大陸的早一天。一直到二〇一七年，爲統一規範，中華人民共和國國家質量監督檢驗檢疫總局，和中國國家標準化管理委員會聯合發布由南京紫金山編定之「農曆的編算和頒行」文件（一般簡稱爲「國標」），其採用之方法基本上也是繼承清代以來的古制，只是把計時的標準訂在北京，並且利用現代的天文學方法來定義時分秒等計時單位。

而台灣受到日本殖民統治的影響，比中國大陸地區更早接受公曆的洗禮。日本在明治維新時期改行西化，於明治六年（一八七三）「廢陰曆改陽曆」，因此，原來是陰曆的明治五年十二月三日，隔天就變成陽曆的明治六年一月一日，也就是新一年的開始。上行下效的結果，日本整個國家都停用陰曆，完全使用陽曆。一八九五年的馬關條約使得台灣、澎湖被納入日本的國家行政體系，但是在民俗活動所使用的曆法上，官方並不強制要求舊慣的廢除。官方用的陽曆和民間社會慣用的舊曆，在很長一段時間當中是並行不悖的。比較多的改變則是，日人引進西式的二十四小時制和星期制的計時日方法，因而部分改變了台灣人在節日、教育、休閒等事項上對時間的認知。

台灣總督府也曾意圖拉齊民間和官方使用曆法的差異，在大正年間（一九一二至一九二六）曾利用保甲制度的實行而廢止舊曆年的民間慶典，甚至在皇民化運動時期，也曾要求廢止農曆過年，並且要以日本習俗參拜天照大神的方式來慶祝陽曆新年。但仍由於習俗差異過大，日本新年使用麻繩和白紙條布置，對台灣人來說就像是喪葬禮俗，因而根本無法普遍施行。

二次大戰結束後，來到台灣的中華民國政府繼承在大陸時期的做法，強力推行「國定」假日，一月一日的開國紀念日（傳統的元旦）、十二月二十五日的行憲紀念日，都是用陽曆（國曆）來計算的，爲的就是要強化社會大衆對陽曆的使用習慣。民國四十三年（一九五四）頒布的「紀念日（或節日）紀念辦法」規定的五種國定紀念日中，屬於民間民俗的節日只有四月五日民族掃墓節（對應傳統的清明節），但全都是以官方指定的陽曆來計算的。

時至今日，現行（一〇三年修訂）「紀念日及節日實施辦法」第四條規定：春節、民族掃墓節、端午節、中秋節、農曆除夕等民俗節日應該放假，而規範這些節日的確切日期則遲至二〇〇〇年十月三日公布「公務人員週休二日實施辦法」時才確定以農曆日月為準，民族掃墓節還甚至是「定於清明日（春分後十五日）」。這顯示政府也不得不依照民間習慣，參照農曆來制定節日。

現行方式是由交通部中央氣象局之下的天文站依據購買自美國海軍的天文觀測數據，以時憲曆「定氣」的方式制定節氣，並推演出農民曆。通常，天文站會在前一年的二月間即公告下一年度的農曆歲次資料，並在前一年的十一月出版發行次一年的「天文日曆」供各界參考。內政部制定民俗節日時即以此為據，然後交給行政院人事行政總局公告。雖說，依法這只是「政府行政機關辦公日曆」，但是民間機構也多會依例遵循。少了傳統「奉正朔」的政治性和絕對強制力，但是，為了社會共同生活的需求，還是需要由政府出面統一制定曆法，不論是新曆還是舊曆。而這也顯示，幾千年之前留下的對季節、歲時的看法依然在現代生活中有影響力。

農民曆在台灣

二十四節氣的曆法主要是依據在黃河、長江流域等溫帶地區長時間觀察天象、物候所累積出來的文化，十七世紀以後，隨著大量閩粵移民也被帶到台灣。然而，這套曆法在屬於熱帶、亞熱帶氣候區的台灣也能夠完全適用嗎？

依據台師大地理系以近一百年氣象資料實證研究得知，導致台灣地區氣候最熱及最冷時期出現的原因，和各地所處地理位置關係較大，和節氣的關係各地也不相同。從季節、溫度、降水、物候等角度來分析在台灣的二十四節氣，整體而言，四立（立春、立夏、立秋、立冬）、二分（春分、秋分）、二至（夏至、冬至）、小暑、大暑、小寒、大寒、處暑等與季節有關的節氣，仍有部分適用於台灣。例如，「大暑」原是指一年中最熱的時候，除了台北以外，台灣各地大暑皆前移一個月左右，也就是最熱季節落在六月底至七月初（夏至至小暑節氣間），只有台北因為盆地地形的關係，大暑時節（七月二十一日至二十三日間）才是一年中最熱的。相對之下，台灣各地大寒前移則僅有數天，各地最冷季節就落在節氣大寒的一月二十日至二月六日間。

至於，雨水、小滿及芒種等與農時相關的節氣，則明顯具有南北差異，而且是愈向南部（台灣農產品的主要產地）愈不適用，也就是說，只有北部的農民比較適合依照傳統農民曆來耕作。另外，因為台灣位處於亞熱帶的地理環境，對應季節的物候，當然也就和溫帶地區完全不同。各種指導農時的節氣中，驚蟄是最不適用於台灣的節氣。驚蟄一般在陽曆三月五日至七日間，一般解釋是冬日蟲獸蟄伏不動，待春雷響，驚醒蟄伏冬眠的生物，草木也競相舒展，這是農民應該開始耕種的訊號。但是，在台灣這樣的情況則是早了兩個月左右，驚蟄之前，南部地區的農民早就插好秧苗了。另外，像霜降、小雪、大雪等節氣則明顯具有高低海拔之差異，在台灣這是只有高海拔地區才會出現的氣候狀況。

而關於節氣與農業的俗諺經常是望文生義、各自解讀，所謂的與之對應的物候在今日科學觀點看來是很模糊曖昧的。例如，五月下旬的「小滿」，在黃河流域區域代表的是冬季小麥結實飽滿正要收成之時，但在台灣則常常落在梅雨季節，「小滿」就被解釋爲稻田中雨水「充滿」溢出田埂，對農民農作來說好像也說得通。而傳統農諺說的「穀雨栽早秧」，在稻米一年一穫的長江流域有很強的指導作用，但台灣南部地區農民，若不在立春時插好秧苗，是趕不上「夏至稻子做老父」，在陽曆六月底前收成第一期稻作的。而在彰化以南地區，四季天氣都很炎熱，完全沒有日照不足問題，節氣觀念更是對農時指導毫無作用。相較之下，今日的農業生產更在乎的是「產季調節」的市場供需問題。因此，總結來說，對台灣人的生活而言，節氣在民俗上的意義（例如清明是民俗節日的掃墓節、冬至）更大於實際氣候狀況或指導農時。

再更進一步討論季節與農作物的關係，工業化之後，各種耐寒、抗旱、早熟、晚熟品種的培育開發，以及溫室、冷房、人工日照科技在農業上的使用，主導農業生產的「人定勝天」觀念更甚於傳統節氣觀的「順時而作」。因爲品種改良、高明的種植技術，以及位於亞熱帶且有高山的地理條件，只要有市場，在台灣，幾乎任何一種農產品都可以生產，而且利用海拔和緯度高低的調控，甚至不會有季節的限制。例如原產於熱帶的水果荔枝，從初春三月即可上市的台東太麻里「豔荔」品種，到「玉荷包」、「糯米滋」、「黑葉仔」、「玫瑰紅」等品種陸續接力上市，古詩中可以「一騎紅塵妃子笑」的荔枝季節已經不再限於盛夏。

另外，過去同樣被認爲是夏季水果的蓮霧，因爲深受市場歡迎，在農民育種和耕種技術改良下，甚至在十二月的水果攤上都還見到上市的鮮果。農民甚至可以使用農藥使果樹葉子提前掉落，促使新芽提早長出以利結果，於是苗栗地區改良自原生粗梨的新品種三灣梨便可以提早到盛夏採收搶市，古詩中「蕭蕭誰家村，秋梨葉半坼」中，梨子和秋天蕭瑟氛圍的連結可就是今人很難體會的情調。更不用說在全球化的供應鏈中，生產季的事情還能以國際物流來彌補。

完全不生產櫻桃的台灣，在超市中一年四季都買得到新鮮櫻桃，夏天的櫻桃來自美國西部，冬天則來自紐西蘭或南美洲的智利。在全球化食品供應體系中，季節與食物早就失去關聯。我們吃進肚子裡的食物四分之一以上由十家左右的跨國食品大廠製造。從產地到餐桌的食物供應鏈在中間被工業食品製造商截斷，人們已經不再了解季節的節律，對生產食物的土地也毫無認識哩！

「身土不二」與重新發現「地華」

二十世紀初，當工業技術介入食物生產體系之初，也就是做為鮮味來源的味精（味之素）第一次被人工合成的時候，已經有人開始注意這個問題了。一九〇七年，曾經擔任日本陸軍藥劑監的石塚左玄首先提出「以基本食物來養身」的觀念，他強調人們應該多進食身處的土地生產和應節的食物，並成立「食養會」，自任會長來推行這項社會運動。他的後繼者將該會的理念簡化為「進食在地生產的食品會使得身體健康，進食外來食品則會使身體變差」的一句話，並且借用京都僧侶佛學中的「身土不二」（原為佛教用語，意指因果報應，是人與世相互影響，世是映照人的境，同時人也可以影響鏡中映像的存在）為口號來推廣食養會的理論。

雖然，這一觀念在隨後的世紀經濟大恐慌、二次世界大戰爆發後遭到擱置，但是在有機農業、自然食品產業、生協運動、替代醫療產業的推動下，到一九八〇年代，此一詞語在日本已經成為推廣食育者的基本共識。傳到韓國之後，也成為農民運動倡導「國產品愛好運動」的口號。在台灣，一九九〇年代開始，有鑒於一連串的環境公安、食品安全、農藥超標等事件，許多生產者、消費者開始推動「食在地、食當季」的飲食運動，用做關照個人身體健康以及抵抗農產品全球化的思想武器。

在西歐，法國大廚保羅．博古斯（Paul Bocuse，他所主持的餐廳L'Auberge du Pont de Collonges自一九六五年開始蟬聯五十五年米其林三星的最高榮譽，迄今尚未有人打破紀錄）在一九七〇年代開始提倡「新料理（La Nouvelle Cuisine）」的烹飪方法，提倡以新鮮優質食材、不過度烹調、呈現食物來自土地的原味，這也被稱爲「在地食材主義」。而一樣好吃的義大利人則稱此爲「鐘樓主義」，亦即小鎮教堂鐘樓鐘聲所及之處，種植於在地的當季食材是天主的恩賜，這樣的食物才是人們該享用的。

一九八七年，義大利人卡洛．佩屈尼（Carlo Petrini）成立慢食協會（Slow Food），主張在飲食上「延遲享樂」（delayed gratification），強調以好、乾淨、公平（Good Clean and Fair）三項原則對待食物，用此觀念來對抗日益工業化的速食主義。其中，「好」指的是依循在地傳統生產過程與季節自然熟成的食材；「乾淨」指的是在生產和運用過程中考慮環境成本、永續精神以維持生態平衡；而「公平」則是必須關心食材生產者提供合理的環境和報酬，也給消費者合理的價格。這意味著，在飲食上從產地到餐桌，必須把生態環境、農業生產體系與產製食物的人們一併考慮。慢食並不只是吃得慢，而是指等待風土環境裡自然熟成的食物是有益的。對環境好、對生產食材者好、對消費者好才是美味。

得過最多米其林星星的主廚亞藍．杜卡斯也說：「味道來自土地。」吃確實是和環境倫理密切相關的行爲。法語中使用「地華」（Terroir，又譯爲「風土條件」）一詞來表示農產品在生長過程中環境因素的總和，這其中包括當地自然條件裡的土壤、雨量、日照、季節等，以及社會條件裡的食品從業人員、技術、習俗以及歷史的積累。來自於土地的優良食材（或農產品）需要明確的天然地理氣候、人文的歷史條件來定義，有些甚至必須經過嚴格的製程和成分來規範，甚或是兩者兼備，差一點兒就差很多。

法國人在一九三七年從羅納河谷的葡萄酒產區開始確立起「法定產區命名制度」（L'appellation d'origine contrôlée，簡稱 AOC），將特定區域的農產品做鉅細彌遺的嚴格規定，這就是「地華」觀念的制度性實踐，產自法國香檳地區的氣泡葡萄酒是這套制度最知名的例子。當地的文化協會規定只有特別限定的三種葡萄品種，以特定的接枝方法、該地區特定的土壤土質、氣候區域劃定的不同等級的葡萄產區生產的葡萄（包括農藥的使用規範），並且以特定的橡木桶、發酵方法釀造出來的氣泡酒才能夠稱之爲「香檳」（Champagne），否則只能稱爲氣泡酒（法文用「Mousseux」這個字）。甚至連裝瓶的方法、容量、標籤的標示等都有規範，其規範之嚴謹不下於F1方程式賽車的競賽手冊。

因此，只要冠上AOC標籤，就等於是產品眞實和優良的品質保證，當然售價和評價也非同凡響。而這個標籤認證是經過生產者、銷售業者、該產品專家、政府以及配合相關法定管制的共識才能達成的，而這是爲了保護並彰顯一個地方，在特定的風土中經歷長時間累積出來的農業歷史和人爲的文化成果。透過AOC制度來承載這些「地華」，使在地人以此自豪，同時也透過產品讓特定的土地風味廣爲流傳。

品嘗在地風土的滋味

回到台灣，有什麼是讓我們引以爲自豪的在地風土的滋味嗎？

台灣最初是屬於南島民族的原住民的天下，最早的主食是地下根莖類作物的芋頭，至今原住民還有以假酸漿葉包裹曬乾的芋頭粉、調味山豬肉蒸煮製成的「奇那富」（cinavu）。但是，很多人卻誤以爲源自美洲的地瓜才是台灣的本產食物。漢人自十七世紀以後才開始大量來台，並帶來源自中國東南地區的飲食文化，米食是其中之一。之後隨著日本殖民統治時期引進新的農業技術和品種改良技術，小小的台灣曾經是世界稻米單位面積產量最高的世界紀錄保持者，也曾種植出上供給日本天皇的良質米、專門用來釀造清酒的酒米，但隨著戰後幾十年來飲食西化的發展，台灣人已經不算是米食民族，國人每年一半以上的主食消耗量必須依靠進口的小麥粉。

食材專家徐仲說：「味道的細微處，就是價值，就是文化。」他認爲「品嘗味道這件事談的不只是舌蕾感受，還有人文風土」。當週休二日成爲日常，美食探究成爲富裕社會的新興風尚時，我們對飲食的興趣也該有更深入地探究和理解。因此，對於美味的定義不該只是由旅遊美食節目獵奇式的照單全收，而是認知到一地的食材有一地的風味，在味覺經驗的最細微之處，是一地的歷史和文化的積累。關於品嘗味道這一件事，應該要開發的不只是味蕾、嗅覺的品味和辨識能力，更重要的基底是人文風土，是透過飲食呈現在地的文化。

在還是農村社會生活時，台灣人的餐桌是跟著自然的節氣律動的，和大自然合拍，也在循環的日常生活中創造出儀式感。在春末掃墓祭祖之後，以各色新鮮蔬菜：高麗菜、芹菜、蒜苗、豆芽菜，以及豆乾切絲白灼，用新收穫的小麥粉做成薄餅皮，佐以冬末收成的大豆釀製成的豆腐乳調味，做成清明的「春捲」，把漢人從宋代以來結合寒食節和掃墓的民俗結合，象徵著一年的新開始。夏天時，以成熟的瓠瓜刨絲，加入蝦米海味爆香，混入陽光曬成的麵線做成的主食來「夏至嘗新」迎接盛夏。在仲秋時節，收穫夏至中種下的芋頭，煮一碗芋頭米粉祈願「食米粉芋才有好頭路」，望來年工作順遂。在冬風至烏魚洄游時，以倒頭烏煮一鍋麻油烏魚麵線，一方面是感念早期祖先渡海來台捕烏魚的艱辛，二方面則是用油香和高蛋白質儲備過冬的禦寒能量。

在課堂上，我們用都市生活中容易取得的四季食材來教高中生品味季節。春天的蔥用來做蔥爆肉絲，品味著時的蔥也可以是菜餚的主角。盛夏的鮮筍用來烹調古早味的鹹粥，體驗貧窮年代也可以有的美好滋味。秋天用還保有的節慶食物做創新，柚子溫沙拉讓新世代的西式飲食也能和在地滋味結合。冬天則是年輕學生也還喜愛的麻油的滋味，爲同學辦桌時，他們也知道食物的色香味中「味」最能長距離傳香，拉攏情感，更赫然發現芝麻油才是台灣傳統既健康又在地的日常油品。

東西方文化的古諺都有「飲食有節」的訓示，指的不只是飲食要有節度，也是要依照季節的叮嚀。傳統漢醫認爲人的身體是對應著大自然的小宇宙，而希臘人則有身體包含風火土水四象之說，人體也因此分爲冷乾溼熱的四氣，自然會影響人體。總之，身體的循環應該服膺天地季節的節奏。那麼，依照四季循環的食令，照著季節吃食，也才能夠調節呢！

台灣傳統老廟的門板上經常畫有二十四節氣的彩繪（雲林北港的朝天宮、台南中西區的馬公廟都還可以見到），以具體的神祇、人物來代言四季，每個季節六個節氣，春分、秋分是柔美的仙女，夏至是拿著芭蕉葉和有火的葫蘆的童子，大寒是舉著大冰塊的惡鬼……，對於節氣的特質也就一目了然。節氣是詩人投射生活情感的憑藉，而我們平凡人則用吃來做天地人三者關係律動的聯繫。

從曆法來感知節氣，從節氣品味來自自然風土的滋味，好吃的我們想要帶著年輕學生跟著二十四節氣理直氣壯的「偏食」！

延伸思考

一、思考食物和季節的關係，選取一項你熟悉的食材，比較其於不同季節生產者的差異。

二、思考食物和產地的關係，選取一項你熟悉的食材，比較其於不同產地生產者的差異。

三、從「身土不二」的觀念出發，在你生活的區域，你認爲哪一項食材最具有「產地認證」的推廣價值？爲什麼？

四、你認爲在飲食上，可以怎樣具體實踐「身土不二」的原則？請設計一份校園午餐（或家庭晚餐）來實踐這個構想。

參考資料

韓良露《樂活在天地節奏中——過好日子的二十四節氣生活美學》

楊欽堯〈淺談民俗兼談新舊曆台灣〉國史館台灣文獻刊物24期（民國九十八年二月十三日發行）

李光眞〈節氣的台灣版〉《光華雜誌》（一九九四年十月）

台師大地理系吳秀美／徐勝一〈「二十四節氣在台灣——「大暑」及「大寒」之探討」〉

春之味——蔥爆肉絲

◎黃文儀

蔥，在台灣是常見的香料植物，餐飲料理不可或缺，大規模的種植下已是全年可見的作物。因爲青蔥的生長較不耐熱，傳統栽種青蔥多半在秋冬時節，到了春天，蔥意盎然，正是大地豐美的富饒景象。古詩中的「雙眸剪秋水，十指剝春蔥」，便是以春蔥來形容女子白皙的纖纖玉手。青春細緻，把把的青蔥足可代言！

青蔥宜大火快炒，保留本身的甜度與嗆勁，幫襯其他食材，葷食如肉類、海鮮，素食如菇類和豆製品，相得益彰。介紹青蔥的時序是在上學期剛過一半，秋老虎尚在發威的十一月初，青春的少男少女光是切蔥就已是一把鼻涕一把眼淚，青蔥毫不客氣地綻放本色，給他們一點顏色瞧瞧！

這回高中生的人文廚房走熱炒風，安排實作的料理是「蔥爆肉絲」。青少年的胃是無底洞，索性加碼一道蔥爆豆干，再煮一鍋有淡淡芋香的益全香米，今天上完課，就可以包辦午餐便當了！高中生的零用錢有限，每週一次的人文廚房常常替他們省下一頓午餐的花費，不無小補。若是我和惠貞在課後不急著離開，繼續待在廚房裡用餐，他們也會想留下來，一邊享用剛剛做好的料理，一邊瞧瞧老師們帶了什麼食物來加菜。偶爾多了的食材，如雞蛋，便再煎蛋加菜。教室是廚房，可以更生活化，暫時逸出按表操課的教室步調，這般校園的午餐時光別具一格！

上課前，我會直接在群組上傳需要的器具，一到廚房學生會先拿出來清洗，接著介紹今日的料理菜色後就發放並洗切食材。蔥爆肉絲多的是辛辣香料植物：大蒜、洋蔥、青蔥和辣椒，不一會就看到各組都出現涕泗縱橫的感人畫面。切肉絲也是一大挑戰，提醒順紋與逆紋不同的切工方向，大約是長五公分、寬一公分的肉絲。高中生們一拿起軟軟的里肌肉，都拿不定主意要從何處下手「開刀」，肉絲也在他們的豪氣使刀下成了粗壯的肉條。要把切肉條練成切肉絲，將是日後廚房裡繼續深蹲練工夫的拿手活啊！辛香配料和豆乾切好、肉絲醃好，武場就暫告段落，開始進入文場，增長見聞。

惠貞準備了兩段影片：先是介紹有別於台式料理常見的香料（https://reurl.cc/WG2gNL，注1），五種世界級的綜合香料：牙買加的煙燻香料、印度的馬薩拉、義大利的綜合香料、中東綜合香料和埃及的杜卡香料。這些綜合香料由各式香料植物或果實所組合搭配，也有相應的各地特色料理。香料的世界何其博大精深！每一個地區的香料可串連出各地的飲食文化，充滿香料氣味的歷史有其深邃的長鏡頭深向悠遠的歷史現場。利用一小段影片開開眼界，也藉由各地香料開啟了高中生對於世界餐桌的想像。

接著以新聞短片（https://reurl.cc/8igR6R，注2）介紹大航海時代英國和荷蘭爲了搶奪印尼小島的肉豆蔻所引起的香料戰爭。藉由影片的內容除了認識香料的歷史，也學習以概念圖的圖示方式來說明這場戰爭的過程以及後續的結果。高中生都有一定的理解與歸納能力，缺乏的是實務練習，從影片內容或整理成文字，或用概念圖，也是培養理

注1

注2

解表達的素養能力。廚房裡除了可以學習舞刀弄鏟的技能，也可以累積理解思辨的相關知識背景。

最後藉由「蔥爆肉絲」的菜名是鑲入了各式的烹調手法，讓學生去討論查詢：乾「煸」四季豆、鹽「焗」雞、酒「蒸」蛤蜊、黃魚「煨」麵、煙「燻」鯊魚，各是何種烹調方式？仔細想想，料理方法的動詞是多麼地有滋有味！唯有親自走進廚房，這些烹調的動詞才能活靈活現啊！

當大家都沉醉在香料主題的理解與討論時，剛才放入電鍋裡的香米已升起縷縷炊煙，飄散著香氣，誘人食慾。放下學習單，蔥爆料理火熱登場，熱炒是與時間賽跑，起油鍋，先爆香大蒜、辣椒、洋蔥和蔥白，再放入肉絲，快速翻炒，待肉絲變色，撒入蔥綠，起鍋前再適量撒上鹽與白胡椒粉。緊接著蔥爆豆干，一回生二回熟，這一道就做得有模有樣了！兩道蔥爆料理再加上現煮的米飯，這一天，高中生的午餐洋溢著幸福的家常味！

食譜

◆食材

1 豬里肌肉600克　2 青蔥5根　3 洋蔥半顆

4 紅辣椒2根　5 大蒜5瓣

◆調味料（醃肉味）

1 鹽3小匙　2 糖1小匙　3 白胡椒粉1小匙

4 料理米酒1大匙　5 醬油1大匙　6 太白粉1大匙

◆步驟

1 大蒜、紅辣椒斜切片，洋蔥切條狀，青蔥切段（蔥白和蔥綠分開）。

2 里肌肉切絲，以調味料適量醃製入味。

3 熱鍋倒入油，爆香大蒜、紅辣椒、洋蔥和蔥白。

4 放入肉絲快速翻炒。

5 肉絲轉爲白色立刻放入蔥綠翻炒數下，以鹽和白胡椒粉適量調味即可熄火。

夏之味——竹筍鹹粥

◎黃文儀

第一次開設料理實作的多元選修課程，就撞上了中年焦慮的人生「坎站」（khám-tsām，程度、地步）。前幾天做起在大街小巷拔腿狂奔，天色還突然轉爲昏暗，原本門庭若市的鬧街，所有的店家竟都已打烊，我苦於買不到食材的惡夢！對於這一門課程，試圖從飲食文化的討論、飲食料理的手作，去感受身土不二的生活方式，是滿懷焦慮又滿腔熱血！既然和惠貞攜手合作，就硬著頭皮全力以赴。

竹筍在盛夏時節是當令佳品，各地筍物，皆有特色。綠竹筍、麻竹筍、甜龍筍……，當筍子盛產時，也是蟬喧蛙鳴、心浮氣躁的炎炎夏日。筍可單品亦可佐其他食材，涼筍爽口開胃，煮湯清甜解膩，以鹹蛋黃炒出的金沙筍香氣誘人。以筍入鹹粥，也是粥香筍鮮的好滋味。竹筍鹹粥，並不急著在燙口時囫圇吞，待粥涼，所有配料食材的滋味都融合在粥裡，粥滑料豐眞「紲喙」（**suà-tshuì**，好吃合胃口之意），完全沒有暑熱當頭、食慾不振的問題，若再佐以菜脯，眞能連吃兩三碗才肯罷休！

高中生的人文廚房，第一次進行的主題便是「米」，因爲它與台灣農業的發展有著密不可分的關係。然而隨著飲食的西化，年輕的世代對於稻米的情感愈來愈疏離，各式米飯料裡也愈來愈不捧場。開學不久，三伏天炙人的火氣，熏得人頭昏腦脹，第一堂課就從煮一鍋竹筍鹹粥開始。分享焦桐的〈鹹粥〉一文，與高中生們共讀，讓他們對於這味台灣道地的家常米食料理建立了更完整的概念：鹹粥是農業時代的農忙點心，南北鹹粥也有不同的風味，在不同的風土條件下，烹調出風味迥異的鹹粥料理。即使是在自家廚房，隔夜的冷飯和殘羹剩餚，只要再加進耐煮、淸甜的時蔬，就會化腐朽爲神奇，完美組合出一鍋美味的鹹粥。

幫高中生備妥煮好的軟胚芽飯，先從一段水梯田的故事揭開序幕。這鍋米飯是有名字的，來自貢寮石壁坑街23號。這處山村，當年家家戶戶胼手胝足、闢山勤墾出一階階的水梯田。在農業時代，山村的水梯田曾經繁盛一時，然在產業轉型人口外流後，梯田廢耕，荒廢為蔓草雜林。近幾年，水梯田開始慢慢在有心人士的推動下復育復耕。

因緣際會，我參與了這一季的水梯田認養工作，從插秧、挲草（so-tsháu，跪行於水中，以手除雜草）到割稻都親自體驗過。以自己收穫所得的米與上課的學生們分享，也分享我的農事心得。自小熟背的憫農詩，若無真正身體力行，那知汗滴禾下土的真實況味？插秧時的「退步原是向前」，在不斷彎腰深蹲的農活中，隱含著充滿禪味的人生哲理，當然插秧後的隔日，大腿的痠痛更是身體勞動的真切印記。挲草時感受水田裡除了稻苗在不斷抽長，田中的蝌蚪、田螺和野草都在土地裡生生不息。從初春到盛夏，玩票性質地參與了農家一稔的稻作，人文廚房裡不只是飄著飯香，還漫著稻香，離鄉的子弟再度歸鄉勤墾土地的鄉土情。

分享之後，由各組討論，從水梯田的故事分析農民、農村與農業之間的關係。而水梯田的復育對於農村再造有何意義？這些複雜的大哉問，就是在引導他們擺在眼前的米飯，其背後代表著一部農村的興衰史，也是台灣農業該何去何從的未來史。對於台灣稻米農業感興趣的高中生，值得推薦去讀吳音寧的《江湖在哪裡？——台灣農業觀察》以及楊儒門的《白米不是炸彈》。

竹筍鹹粥是人文廚房開張的第一道料理，洗切配料都顯得生疏，如何剝紅蔥頭？對高中生而言，好幾個還是生平頭一遭呢！來自不同班級的小組成員，默契也有待加強，彼此如何分工合作，還是得慢慢熟悉。只有兩節課的時間，所有的步驟都得在時間的掌控下一一完成，高中生們做得戒慎恐懼，我們兩個老師也急得狂冒汗。先從爆香紅蔥頭、香菇等，再放入肉絲和筍絲同炒，倒入排骨高湯，湯滾直接放入米飯，以鹽、白胡椒粉適量調味，最後撒上芹菜珠即可關火。看到四口爐子上的四鍋竹筍鹹粥正飄著香氣，我都快流下感動的眼淚了！

對於自己動手做的第一道料理，高中生的回饋都很正面：

「自己做的粥，吃起來特別美味，香氣四溢。」（首次料理建立信心，之後會更得心應手。）

「每種食材的味道精華都在粥裡，鹹鹹的很好吃。」（品味的感受已掌握了鹹粥的精髓。）

「鹹鹹的，混著爆香過的紅蔥頭和香菇的香，還有肉的香味，很好吃。」（可細細品味各種食材的味道，有老饕的潛力！）

「跟在外面賣的一樣好吃！」（外食＝好吃？再上幾堂課，他們對於自己的料理會更具自信！）

「跟阿媽以前煮的味道一樣好吃。」（食物可以聯結情感，傳承的滋味可以世代交棒！）

爲這兩堂課所花的工夫已不在話下，更別說因興奮焦慮而起的夢魘。但我眞心覺得這樣的飲食課程將成爲高中生們帶得走的能力！日後，他們也能爲自己、爲家人煮出一鍋充滿心意的竹筍鹹粥。

食譜

◆食材

1 米飯2碗
2 豬骨高湯5碗
3 竹筍600克
4 豬肉200克
5 香菇5朵
6 紅蔥頭5顆

7 芹菜3根

◆ 調味料

1 鹽2小匙
2 糖1小匙
3 醬油2小匙
4 米酒半大匙
5 白胡椒粉少許

◆ 步驟

1 香菇泡軟切絲、紅蔥頭逆切薄片、竹筍切細條、芹菜切小珠。
2 豬肉切絲調味（鹽、糖、醬油、米酒、白胡椒粉）。
3 爆香紅蔥頭和香菇，放入肉絲和筍絲，肉絲變色後倒入高湯。
4 湯滾後放入米飯，以鹽和白胡椒粉適量調味。
5 再次煮滾後撒入芹菜珠，即可熄火。

秋之味——白柚雞肉溫沙拉

◎黃文儀

柚子是展現秋之芳華的水果，隨著文旦柚、紅柚、西施柚和大白柚依照時序，亮麗登場，整個秋季就是柚子家族彰顯風華的展場。

那天在街上看到小發財車的車尾掛著大白柚的牌子，停在路口兜售白柚。剛好是上這堂課的前兩天，雖然已先在超市買妥了上課用的大白柚，但看到車水馬龍的繁華城市裡，還有賣大白柚的攤車，季節時令的感知眞眞切切地襲了上來。其實城市裡季節遞嬗的變化是很模糊籠統的，沒有鮮明的自然風光與產地農作可供辨認，所以我的眼睛常常盯著街道路口停著的小發財車，看車上在賣什麼時令果物好跟上季節歲時的腳步。春夏，小發財車上常賣著鳳梨、西瓜，滿車的鮮豔亮彩；秋冬，車上的水煮菱角、花生是土地溫厚踏實的著色。城市裡兜售果物的小發財車就是一部台灣的食令紀事。

那陣子，公私兩忙，連續兩個連假都去爬了大山，還風風火火地接了一場私廚餐會，也是身體出了些狀況的時候，頸椎不適，暈眩舊疾復發，整個人突然像被擊倒似的，顯得力不從心，心有餘而力不足的無奈油然而生。原本奔馳般的步調瞬間萎頓，彳亍不前。那天下午是到醫院檢查求診，步出院門就看到馬路對面，小發財車上正賣著大白柚，忽地感覺今年的秋季也要步向尾聲了。走近攤車，一顆顆白碩的柚子彷彿召喚了體內委靡的靈魂，想著當令的白柚酸甜多汁，放進雞肉溫沙拉裡，充滿了秋季的風情，也是對這個季節的美好告別。想著白柚入菜，想著和高中生們分享這道料理，活力似乎又慢慢回歸。

一上課，照例先解說料裡，跟學生解釋「溫沙拉」的定義：食材或醬汁需要加熱煮熟，若搭配部分水果生菜，兩者的溫度也要接近一致。

接著發放食材，開始前置作業。如何剝柚子，對學生們也是一門學問！有學生快手快腳地一刀對切，像是切葡萄柚！完全來不及阻止，只能事後彌補。所以要剝出一瓣瓣晶瑩完整的果肉，也是要從頭教起啊！除了大白柚，我也分享了家中壓箱果，已辭水多時，甜美多汁的紅柚，爲今天的沙拉增添色彩與風味。

這次上課分享了焦桐的〈文旦柚〉，文中也提及「辭水」一詞，讓高中生討論何謂「辭水」，還有那些蔬果也需要辭水的過程才會更顯風味？原來「辭水」就是將果物在陰涼處放置一段時日，讓水分消散，果肉甜度會更濃縮。像地瓜、南瓜和百香果也需要辭水，不是任何蔬果都是樹頭鮮就是好吃美味。

分組閱讀報告之後，就開始正式製作溫沙拉：以奶油炒菇，鴻喜菇很快就炒出香氣並且金黃上色。以蓋鍋蓋水悶法的方式煮玉米筍，保持食材的原味。煎雞里肌，事先醃製，加上乾燥羅勒調味的雞肉，兩面煎黃，香氣撲鼻。

需要下鍋或煮或煎的食材都處理完畢，等到食物慢慢降溫，便和蘿蔓生菜、小番茄及柚子果肉組合成一道顏色繽紛的溫沙拉。

實作的過程，可以看到有烹調天分的學生，在調味及火候控制上十分熟稔，操作也得心應手。當然也有連開瓦斯爐開關都心生畏懼的生手。小組合作，每個人都需要找到適合發揮的位置，當然可以突破心理障礙，挑戰原本不敢嘗試的更值得鼓勵。甚至還有學生另外準備白煮蛋來豐富沙拉的菜色，這也太超前布署了！

一盤五顏六色的溫沙拉，看來賞心悅目，請他們以文字描述一番，練習寫作表達力！

嫩綠的蘿蔓生菜加入拌炒金黃的鴻喜菇、玉米筍，和事先醃製過同樣煎至金黃的雞肉，以及鮮紅的小番茄、米白的大白柚和如紅寶石般的紅柚，就像原本潔白的畫布被豔麗的色彩所妝點，整道料理也因為雞肉的鹹香、大白柚的酸甜，再加入和風醬汁，中和得恰到好處，在視覺及味覺皆是一大享受。

金黃的雞里肌、鮮紅的小番茄、透綠的蘿蔓葉、亮黃的玉米筍、晶亮的紅柚，配上微酸的和風醬，簡直絕配！視覺與味覺互相映襯激盪，兩個小時的成品，當令的食材上手作的溫度，一道色香味俱全的溫沙拉就此誕生。

廚房裡的高中生們，剛剛還在爐灶前執鍋舞鏟，現在拿筆具體書寫，也是有模有樣！透過手作料理以及感官察覺的寫作練習，描述刻劃的都是眞情實感啊！而我這位暫失信心，擔憂健康不再的中年老師，在大白柚的療癒下，在青春少男少女的陪伴下，光想著要繼續在人文廚房裡上菜，病中的抑鬱灰翳也煙消雲散了！

食譜

◆食材

1 雞里肌300克
2 玉米筍10個
3 鴻喜菇120克
4 大白柚半顆
5 蘿蔓生菜100克
6 小番茄20顆

◆調味料

1 鹽3小匙
2 義式香草（迷迭香、羅勒）適量
3 黑胡椒適量
4 無鹽奶油30克
5 和風醬汁（日式醬油、橄欖油、檸檬汁、糖）

◆步驟

1 大白柚取果肉、蘿蔓生菜和小番茄以飲用水洗淨瀝乾。
2 去除鴻喜菇的蒂頭，玉米筍斜切兩段。
3 雞里肌順紋切成條狀，以鹽、黑胡椒和義式香草調味。
4 奶油煎鴻喜菇及雞里肌，玉米筍以水悶法煮熟。
5 熟食降溫後與蔬果混和再淋上和風醬汁。

冬之味——食辦桌

◎黃文儀

辦桌，是台式料理的精髓。台灣的辦桌文化展現了民間的生命力，從歲時節日、宗教廟會到婚喪喜慶，辦桌成了人群社會裡重要的宴飲形式。所以辦桌的總鋪師都有傳承招牌的手路菜，在物質不豐的年代，食（tsia̍h）辦桌就是人們打牙祭，祭祭五臟廟的好機會。

隨著傳統禮俗的式微，在自家門庭大院的辦桌漸漸被餐廳的大宴小酌所取代。日日三餐，家中早已不開伙，更遑論在家辦桌宴客！就連家庭聚會、好友聚餐，多半也是上館子、找餐廳，圖個簡便省事。然而我卻喜歡在自宅辦桌款客的生活情調，從規劃整套菜色，安排各道料理的工序流程，一直到料理上桌，賓客把酒言歡，盡情品味料理，席間吃的不只是食物，還有主人的盛情相待與彼此的情誼交融。

到餐廳設宴不若自家烹調的經濟划算，況且有些餐廳爲了翻桌率，有用餐時間的限制，而桌筵上的人情需要時間的升溫，彼此寒喧問候才能漸漸催熟，非到酒酣耳熱，交心體己之言就不輕易出口。然而用餐時間已到的話音一響，聊到興頭的話語也只能戛然而止，好不容易才溫熱的情感也立即降溫。衆人只能一哄而散或是另覓他處再續第二攤。所以自家辦桌款客來得隨性自在、賓主盡歡，這也是我樂此不疲的原因。

高中生的人文廚房是一學期的課程安排，這學期的成果展就是以「我的台灣餐桌」爲主題——設計出符合時令的晚餐套餐（一道主食、兩樣配菜、一份湯品）。期許高中生有能力以當令食物煮出一份套餐，可以自享，也可以招待親友。最後在全校多元選修的成果發表日，就可以端出各組的主食料理參與成果展的師生分享，這應該算是校園辦桌的初試啼聲吧！

一項頗有規模的活動，需要時間的醞釀及彼此腦力的激盪。用了三次課堂的時間來發想、規劃並正式著手進行。首先惠貞以阿辰師的影片（https://reurl.cc/2LdeQm，注1）做爲台灣餐桌的創意激盪，影片是他在法國宴請里昂的大廚到家作客，以台式料理的菜色結合法式的調味與手法，端上了七道料理：加入法國乳酪和台式泡菜的改良版臭豆腐，以澄清奶油炸紅蔥酥放入雞肉飯、青菜的菜色中，有梅干菜煮牛心結合台法料理……。然後讓各組去討論如何設計一套晚餐套餐（預算要控制一人份套餐在台幣三百元），規劃的結果要加入菜式的說明，尤其是如何詮釋台灣菜的精神。第一次討論後初步規劃的套餐內容如下：

（一）

炒米粉　　三杯雞

櫻花蝦高麗菜　　薑絲蛤蜊湯

注1

（二）

麻油麵線　菜脯烘蛋

蔥爆肉絲　蛤蜊豆腐湯

（三）

麻油雞飯　破布子炒水蓮

菜脯蛋　蛤蜊湯

（四）

蛋炒飯　蔥爆肉絲

杏鮑菇炒水蓮　沙茶火鍋

看了高中生所規劃的菜單不禁莞爾一笑，的確充滿濃濃的台菜風，但好像少了一些創意。兩組都規劃了上課實做過的蔥爆肉絲，可見對於自己親手做的料理還是印象深刻。另外，三組都推出了蛤蜊湯，是有趣的巧合？還是青少年都愛蛤蜊湯？

在成果發表的前一次上課，各組針對菜單做最後的拍板定案，菜色是否需要調整？推出蛋炒飯的那組，決定要再加上鹹蛋，做成更有台味的金沙蛋炒飯。菜名是否要再加上創意？炒米粉那組決定改成「佛萊德瑞斯吻蜜雪莉」，取名自英、法文「Fried Rice Vermicelli」，頗有年輕人的幽默。菜單決定後就開始製作大型海報，以便和大家分享這一學期來對於飲食料理的心得想法。然後各組要有心理準備並且事前準備，因爲成果發表前只有半小時要端出料理。半小時內要從無到有地端出料理，可不像魔法幻術，就是要掌握辦桌的精髓——前置作業的安排很重要！

到了成果發表的前兩天，一直提醒叮嚀各組的前置作業，該洗、該切、該泡、該事先煮好的，一律要預先規劃！

廚房如戰場，枕戈待旦，上課時間一到，就看四組人馬：蒸籠組的要蒸熱痲油雞飯；炒米粉、蛋炒飯的，爆香工序不可少，火太大、鍋快焦。負責控場的我，只能大聲疾呼：關小火！

還有一組麻油麵線的，令人欣慰的已傳來陣陣香氣！但！麵線還沒煮！快！快！快！這就是辦桌前的強強滾，我的心情早已沸騰噴火了！

當四桌主食一一端上鋪著花布的長桌時，引來騷動，試吃的人圍繞整桌，一一將餐食分給參觀的他班學生。

食物，因分享而更顯美味！在低溫的寒日，辦上一桌台灣味的主食，現場顯得溫暖歡騰。人文廚房的高中生們，因爲這場微型的辦桌分享應該感受深刻！

第二章

阿媽家的滋味

黃文儀、黃惠貞老師的課前對話

儀：這幾年帶班，發現學生的母親是東南亞籍的比例變多了。

貞：嗯！但許多孩子不太願意讓別人知道。

儀：學生不太主動說，仍然不想被貼標籤。

貞：只有在課程進行到東南亞的時候眼睛發亮，他們會說「那是我外婆家」。

儀：學生的世界觀會覺得東南亞是落後的，所以在自我認同上也會迴避母親是東南亞外配的問題。

貞：如果是透過課程的交流，會慢慢改變這樣偏差的想法。像有一次在討論統獨議題時，有個學生認眞說：「為什麼不可以選跟越南統一呢？」「這樣媽媽就可以常常回外婆家了！」

儀：社會上對於東南亞各國的認識很粗淺，先從食物的認識著手，從食物去了解外婆家，去認識母親的故鄉。

貞：台灣人的嘴比心胸開闊，滿街的越式小吃店，也有越文招牌，但還是叫新住民是「越南仔」！其實福建、廣東一帶到越南北部，在古代是百越之地，很多地理環境相似，文化也相連。

儀：風土氣候上，台灣和東南亞是很相近的，在食物上也類似。

貞：例如：米食、粿條、貴刁、面帕粄、河粉都是一樣的東西，只是形式不同。飲食中很多蔬菜，少少的肉，喜歡酸甜的調味，台灣不但和東南亞很親近，我們自己就是東南亞啊！像沙茶，就是從南洋群島的沙嗲演變而來，潮汕移民出外後再回來，然後再移民，現在就成了台灣在地很常見的調味料。食物隨著人群移動，不斷地變化，東南亞的香料豐富傳統漢人飲食的內涵，像台灣的五香就很依賴東南亞的香料。

儀：讓我們的學生先認識母親故鄉的食物，認識外婆家的餐桌，才會增強自我的認同，而不會讓狹隘的世界觀貶抑自我。

貞：政治上國族的截然劃分可能是雄性、男人的，但是在餐桌味蕾習慣的養成可以來自母系，是更陰性的溫柔。雖然姓氏的承繼是父系的，但是母親和外婆憑什麼就不算數呢？

儀：政治國族的劃分，呈現了權力宰制的不公，但飲食是一種軟實力。在台灣，一般家庭和母系社會的連結都比較強，但對於母親是東南亞新住民的學生，外婆家眞的是比較遙遠且疏離。

貞：餐桌和土地的 Mother Earth 其實是更親近的，眞希望食物能爲這些新台灣之子搭一座外婆橋。

儀：好棒的詞彙！Mother Earth！

貞：改變視野，望向南方，那個養育母親的地方！

阿媽家的滋味

「無唐山媽」的台灣人如何在多元身世中建構自己的台灣味

◎黃惠貞

台灣性別協會曾發行一款議題T恤，胸前印有「恁祖媽是台灣人」，引起很大的注意。這句看似很嗆的話，其實說明一個簡單的歷史事實：「有唐山公無唐山媽。」台灣人的女性祖先多數不來自唐山，也就是台灣人的阿媽們多數並非漢人。做爲一個移民社會，在血統上，台灣人的男性祖先多來自於北方，清代的羅漢腳移民或是一九四九年國共內戰後的軍公教移民潮都來自中國。而殖民時期，單身赴任的殖民官員可能來自荷蘭或日本。這些移民男性因應情勢、環境，必須與在地的「平埔番」、「本島人」、「本省人」婚配，形成現今台灣人的多元身世，但因爲姓氏傳承獨尊父系宗族，母系血緣經常被有意地遺忘。

在飲食上的溯源上，儘管生活上多依賴家內女性操持烹飪事務，並傳承家的味道，但是母系家族的味道也經常被遺漏。例如，四百多年來已經被相當程度漢化的「平埔番」的母系祖源，以及一九八〇年代以後，相當數量來自東南亞的女性婚姻移民，她們帶來的娘家滋味，就是新一代台灣之子的外婆家的味道。而這些林林種種來自母系祖先的阿媽家的味道，是我們探討台灣味時不應該忽略的滋味。

家鄉代表的是一個地方，是人類創造經驗的情境。而家鄉味則是這種文化位址加上飲食書寫所累積而成的文化記憶。當我們在家時，透過與家人共餐的形式，食物是塡飽肚腹的養分，也是一種家庭事件的儀式。有朝一日離家時，那些家庭餐桌上的食物就會化身爲承載家鄉記憶的物質媒介。在異國，透過家鄉味在口舌間融化的不是食物，而是思念以及自我認同的確認。

台灣是一個移民社會，自古以來，南島民族、閩粵潮汕等南方漢族、北方漢族、東南亞住民在不同時間點移住台灣，其中還有來自西洋、東洋的統治者在此建立政權，在物種、政治、經濟、文化上帶來各層面的影響，由南島樹薯與台洋混血品種的豬小排燉煮的湯、南洋香料薑黃與混血稻米製作的雞肉燉飯、以南洋香料製作的打拋豬、以木薯粉偷換的西谷米露甜點等等，將構築成怎麼樣的獨屬於台灣味道原則呢？

家庭烹飪形式的演變與女性化的固著

德國藝術史家兼老饕盧莫男爵在〈烹調的精髓〉一文中，將「烹飪」定義為：「在火、水與鹽的協助下，從適於滋養修復人類的自然物質中，發揚營養，提振精神的特質和美味的品質。」法國大廚亞藍．杜卡斯也說：「烹調的創作就如同所有的藝術，是一場發現之旅，其中包含了穿越時空的邂逅，對抗遺忘的故事。」在他們的眼中，烹飪是一件神聖的事物，其核心不僅只是從頭開始把原形食物加熱，調配為一道菜餚，而是人在與自然生產的物質互動中長期累積出來的文化。

不同文化有不同的烹飪方式，華人特別常用的蒸和炒在其他地區並不常見，相較之下，烤和煮則是人類社會多數地區通用的烹飪技術。在烹飪文化的考察中，人類學家認爲「煮是生，烤是死」。燒烤源自上古時期的獻祭，是殺生祭祀的儀式性烹飪，通常由統治階級的男性在露天的場合中主持。而煮則是在密閉的鍋中進行長時間的微火燉煮，通常由女性主事，在有屋頂的居家場合進行。不同於燒烤架往往用過卽丟，燉煮用的鍋會用家庭慣用的油脂和香料調養，各文化之中都找得到「永生不死之鍋」的習俗，因此鍋子往往可以成爲傳家寶。例如清治時期的台灣就已經有「狗母鍋」（káu-bó-e，沙鍋）滷肉的家庭烹飪習慣，而這種家庭傳承的滋味也就藉由這一「鍋」綿延下去。迄今，卽使家庭烹飪已經式微，許多販售滷肉飯的老店也仍強調保有一口陳年老滷鍋來維持不變的味道。

考古資料發現，在陶器發明以前人類就知道以水來煮食，許多遠古的考古遺址中都會發掘出大小如拳頭的黏土丸。早期人類把黏土丸烤熱，將之加入以不漏水的植物硬殼或編織的堅韌葉片盛裝的水中，炙燒得火燙的土丸會用熱力把水煮沸，同時也把食材煮熟。考古學家將這些小土丸稱爲「烹石」（至今台灣的原住民也還保留這樣的烹飪方式），古史傳說補天的女媧所煉的石就是烹石。主導烹飪的是女人。

原始社會時期，人們共耕共食，圍著篝火集體烹飪談天形成社群。私有財產制度形成之後，通常由家庭成員共同分工合作烹飪，台語以「同一口灶」代表一家人的意思，就是這種同食共爨團體的文字寫照。工業革命工廠制度形成之後，工作型態成爲男人外出工作，女性在家操持家務，一個家庭改由女性獨自烹飪。再更進一步，等到女性也全面就業，職業婦女大增，家庭烹飪也隨之式微，日常飲食可以多由工業化工廠製作之食品取代。

近年來的調查顯示，愈來愈多婦女不再自行操持家庭烹飪，而由外食或外帶餐廳食物取代，經常進行家庭烹飪的年齡世代逐年提高。對於現今的青少年而言，當被問起所謂的「家的味道」時，首先映入腦海的往往不是媽媽的味道，而是來自阿媽家。不論是過年過節返鄉與爺爺奶奶團聚的節慶食物，或是媽媽們習自於娘家的阿媽的「手路菜」，屬於家的滋味是由女性家族成員在餐桌上傳遞的，這些媽媽的媽媽做成的佳餚，往往成爲傳承在地味道原則的關鍵。

南島之地的飲食文化變遷

在地理上，台灣位處於各種中心的交界地帶。她是歐亞板塊和太平洋板塊的交接處，島嶼上百餘座三千公尺以上的高山就是板塊運動推擠出來的，所以明明在低緯度地區，卻有溫帶、寒帶的氣候類型。在海洋上，北方南下的親潮、赤道北上的黑潮在附近交會，台灣西南部沿海自古以來就是亞洲大陸東南地區漁民的重要漁場。冬至時節，烏魚群隨著寒流南下，捕烏業是最初吸引漢人男性跨過海峽來到台灣的經濟誘因。在陸地上，位在西太平洋近岸島鏈的中心位置的台灣島，面積只有三萬六千平方公里，只占全球陸地面積萬分之二點五，但是島上有五萬多種物種，占全球物種的百分之二點五，而海洋生物的物種甚至高達全球的十分之一。這樣的生物多樣性實在和島嶼的面積不成比例。在文化類型上，愈來愈多考古證據指出台灣島極可能是南島語族的原鄉，在大航海時代漢人大批移住之前，這裡已經有各種原住民族創造出自成一格的南島語族文化。

屬於南島語系的台灣原住民是這片土地最初的主人，人們以小米、芋頭等原生植物爲主食。對原住民而言，這兩種作物不但是日常食物，具有神聖性，在開墾、播種、耕作、收穫、儲藏時都有特殊的儀式和禁忌。關於小米，布農族有高達十四種儀式和慶典。以芋頭爲主食的排灣族，爲了保存會以烘烤方式處理芋頭，並爲此舉行盛大儀式祭拜火神，且烘烤過程必須由專人處理，不同狀態的芋頭都享有專用名詞。

大航海時代以後，葡萄牙、西班牙人將原產於美洲的番薯和木薯引進台灣，原住民和漢人村社都有種植。木薯又稱爲樹薯，原產於南美洲亞馬遜地區，可分爲苦甜兩種品種。甜味樹薯刮去外皮煮熟後就可以當作糧食，排灣族將之與芋頭、番薯三者並稱爲「kalamiyan ni qipuqipu」（土壤裡的聖糧），今日第三世界尚有八億多人口以之爲主要糧食。而苦味樹薯適合磨漿製粉，今日大量採用爲製作太白粉、粉圓、西谷米的原料。

現今許多人視爲台灣特色食品的「珍珠奶茶」裡的「珍珠」，就是木薯粉的製成品，也就是古早味粉圓的現代變身。而粉圓則源自南洋的西谷米。西谷米古稱爲沙穀米，原是指東南亞所產的西谷椰子樹莖澱粉揉製而成的米粒狀食品，在馬來半島是原住民族做爲穀糧的主食。在十七世紀荷蘭人的進口物清單中，卽有「sagou」這一品項，註記爲一種「樹的粉」。早期台灣漢人是否食用不得而知，但在日治時期的《台日大辭典》卽有「西國米圓」詞條，說明它是以沙穀米做的圓仔，學者認爲這很可能就是粉圓的前身，因爲在台灣西谷米不易取得，而改用番薯粉製作，並摻和糖水食用，現在則多改用更適合工業製粉的木薯粉製作。木薯粉的英文名稱「tapioca」就是一般用來翻譯珍珠奶茶（tapioca bubble tea）的字源。原屬於南島民族的糧食作物，因爲移民的播遷和飲食習慣的轉換，搖身一變而成休閒甜點，甚至被某些人視爲台灣味的代表。

過去因爲種種政治因素，食譜書上多數將台灣飲食文化視爲中國南方文化的一部分，傾向於更重視漳泉潮汕男性漢人移民的原鄉文化，而忽略台灣這塊母親之地做爲地處亞熱帶、熱帶之間的南島之地與東南亞文化圈的密切關係。從原生的芋頭、引自南洋的木薯、西谷米到變成「珍珠」的粉圓，當我們說珍珠奶茶是「台灣之光」時，那述說的是一篇陰性的、屬於「非唐山媽」的南島之地的飲食文化變遷。

南島土地媽媽培力的蓬萊米

不同於西餐以肉食爲Main Course（主食），米飯仍是現今多數台灣人的主食，而且受到漢文化的影響，是以「吃飯配菜」的形式呈現，一道菜好吃與否要用「下飯」來衡量，「白飯小偷」是對菜的最高級讚美，一餐的好壞實是由飯決定的。而且，對台灣人來說「飯」就一定是稻米炊煮而成，老一輩的人還有無飯不飽的習慣，即使是豐盛的宴席也要來一碗飯才有飽足完食的感覺。至今，許多宴席還常有以米糕（佐以紅蟳、鰻魚等海鮮）這類米食做結的安排。

今日我們食用的各種稻米，在植物學分類中都屬於來自亞洲栽培稻種（Oryza sativa species），依其生長地區分類，栽種在水田稱爲水稻，種植在旱地就是陸稻。台灣和稻米這一作物結緣得很早，距今四千五百年前的新石器時代中期，墾丁遺址、南科遺址的先民已經開始種植陸稻，並以此做為主要糧食。但這些陸稻並非是台灣本地馴化出來的，學者推估應是由源自山東黍稷，移植至長江流域的稻，最後再進入台灣。十七世紀荷蘭人探勘北台灣時，就發現台北松山里族有稻園，也有向原住民購買稻米的紀錄，這應該都是指原住民種植的陸稻。荷治時期之後，大量閩粵移民來台，也帶來水稻及其種植技術，在開闢水圳取得足夠水源的地區，許多原屬於原住民的草埔被漢人闢建爲種稻的田園。

稻米根據其種植環境的差異，可以產生完全不同口感的品種，黏性低的「秈稻」適合熱帶、亞熱帶地區，軟糯的「粳稻」則適合種植在寒帶、溫帶地區，而台灣是北半球可以種植溫帶粳稻最南端的地區。秈稻、粳稻都有糯稻的變種，就是台灣話說的「秫米」（**tsu̍t-bí**，糯米），因爲含有雙鏈澱粉所以黏性更高，不適合直接食用，因此通常用來製作米食，細長的稱爲秈糯，圓短的是粳糯。

秈稻大約在大航海時代以前，就因爲原住民和東南亞地區千絲萬縷的交流已經引入台灣。秈稻的米粒細長，煮成白飯口感較硬且鬆散，需要較長時間消化，也更有飽足感，這是漢人大量入台以前就有的米糧品種，因此一直被稱爲「在來米」，是餵養早期來台開墾田園的漢人祖先的主要糧食。秈稻也可以磨製爲米粉，加工成爲各式米製品。在來米炒熟後磨成米麩，可以和水成爲餵養小兒的母奶替代品。油粿、碗粿、菜頭粿，則是秈糯米磨漿後，加入各種食材蒸煮成型的節慶食物或農忙時的點心小食。

另外，米粉、米篩目、粿條則是利用不同類型工具製作出來的米製品，在以米食爲主的地區有各式各樣的食用方法，連名稱也因各地方言而千變萬化。客家人稱爲「粄條」、東南亞閩南人稱爲「貴刁」、越南人稱爲「phở」（河粉）、中國西南省分稱爲「米線」，乃至於製作越式生春捲的透明粉皮，其實都是同一種原料和做法，只是有著不同形狀和名稱而已。

今日台灣人日常飯碗慣食的「蓬萊米」，則源自日治時期日本農業學家磯永吉、末永仁在台灣進行的育種改良。日人治台初期以「工業日本、農業台灣」爲統治方針，將台灣視爲日本工業化之後，內地短缺的農產品的供應地。與日本領台同年，一八九五年八月，卽在台北城內成立水稻試作所，之後更在全台各地廣設農業試驗所，針對台灣的農產品、農業進行現代化的改良，甘蔗、茶樹、種畜、農藝化學、植物病理等無所不研究，一九二〇年代還整併爲總督府中央研究所農業部。一次世界大戰期間，因爲歐美國家忙於戰事，工業生產停頓，爲日本提供工業發展的良機，但也因此使農村人口大量移往都市，米糧歉收導致糧食危機引發社會動亂，一九一八年夏天就發生擴及全國且導致內閣重組的「米騷動」事件。

爲了解決日本內地糧食不足的問題，加強殖民地台灣、朝鮮的米糧生產就成爲執政當局的要務。日本列島位在溫帶地區，慣食粳稻，改良台灣農民慣行的秈稻是解決日本內地農糧問題的良方。磯永吉自北海道大學農業科畢業後，就在台灣總督府農業試驗場從事稻米改良工作，他先在台北的竹子湖發現適合種植水稻的美地，隔年又在台中州農試場與末永仁合作，進行台灣在來稻與日本稻的改良，但苦於稻熱病的盛行而無法提高產量。最後，末永仁試行將「龜治」與「神力」兩種改良稻雜交，並以「來自蓬萊仙島的米」命名爲蓬萊米。但眞正促使蓬萊米能夠量產，並推廣種植則來自原住民的陸稻的助力。

近年的研究指出，一九二九年農試場因意外而在蓬萊米育種田裡混和了山地陸稻的花粉，解決了溫帶作物在熱帶土地上的適應和產量問題，從而創生出受日照長短影響最小、一年可以兩穫的新品種「台中65號」。現今百分之八十五的台灣米品種，都是以它雜交而生出來的後代。現今台灣人早已經忘記在來米飯的口感，將蓬萊米視爲米飯的當然，歷史教科書中也標記著這是殖民統治者的現代化成績，卻經常沒有注意到這是來自南島土地母親的恩賜。

融入東南亞風的味道原則

食材之外，辨識、區別一地食物特色的最佳路徑是調味方式，也就是「味道原則」。所謂的味道原則，指的是隨著國民料理在庶民餐桌上日常反覆出現而形成的習慣，人們一旦接觸到熟悉的調味方式，就會知道自己吃的是什麼，並因爲熟悉而感到安心。

各地飲食文化依據不同的味道原則，就會漸漸形成各具特色的「民族烹飪」。

香氛植物是決定味道原則的一項關鍵因素，也就是利用萃取植物內的精油來為食物增香，這樣的調味原則經常結合至少兩種芳香植物或者更多。古代漢字在烹飪上有個美麗的說法叫「遣香」，台語至今仍有「芡芳」（khiàn-phang，爆香。只是多使用「芡香」這一寫法）這一說法。世界各地因物產使然，出產的香氛植物不同，應用在飲食上就能創造出特色，甚至不須嘗味一聞便知。例如：迷迭香、鼠尾草之於義大利南歐料理；辣椒、眾香果之於加勒比海料理；薑黃、香菜子之於東南亞料理，甚至在印度奶茶、咖哩都可以用到；而花椒和薑則最容易協助辨識中國菜。

在探討台灣味的味道原則時，就像那些混血多元的食材一樣，台灣的味道原則也有多重來源。相較於其他地區的菜系，傳統漢人的台灣菜習自中國東南省分的菜系，使用的香料相對較少，日常飲食最常見的不過是蔥、薑、蒜，辣椒、胡椒就算有的話也多半用來增色、提鮮，而非取用其辣味。但是，一九八〇年代以後，大量東南亞女性移民進入之後，她們從娘家帶來多樣的香料植物和調味手法，豐富了台灣人的味蕾。

不同於早期的移民以男性居多，一九八〇年代以後移住台灣的新住民以女性居多。她們多數因婚姻結合而來，至今已經累積至少六十萬的人口數。其中，來自越南的女性占約五分之一，與其他東南亞裔新住民合計達婚姻移民的三分之一強。再加上一九九〇年代後期與多個東南亞國家簽訂雙邊協定引進製造業移工的因素，迄今在台東南亞裔人口數已經超過原住民總人數。這些東南亞新住民爲台灣餐桌帶來許多東南亞的香料蔬菜，也因爲家庭烹飪女性化的現象，新世代的台灣之子，每十二人之中就有一人是由東南亞裔的媽媽餵養長大。打拋葉、薑黃、魚露這些來自東南亞的新味道漸漸成爲台灣餐桌上親切的滋味。

打拋葉在台灣餐桌上經常以「打拋豬」的形式上菜，因爲中文望字生義的關係，經常被誤會是以又打又拋的方式烹調的豬肉臊。其實，打拋是一種和九層塔同科同屬的香料植物，味道比九層塔更淡，在泰國是常用的家庭烹飪食材，用來搭配各種肉類和蛋類食譜都可以。但由於食材價格不同，較便宜的打拋雞肉片在泰國會更常見。一九八〇年代經由走避戰禍的泰北孤軍後裔引進台灣之後，愛吃豬肉、擅長製作肉臊的台灣人將之做成打拋豬（經常以味道更重的九層塔葉取代），並以豔紅的小番茄做盤飾或加味，知名的泰籍網紅還公開戲稱這是「死罪」。可見，這道台灣豬肉加上東南亞食材和台式加味已經成爲一道有別於其發源地的新式台菜了。

薑黃原產於印度，和薑是同科不同屬的植物，差異很大，在烹飪上多取其地下莖磨粉使用。它的味道微苦，顏色豔黃，經常被拿來用做高級香料番紅花的替代品。身在南方，台灣人對它的滋味並不陌生，傳統漢人滷肉常用的五香粉、日治時期引進的日式咖哩（因之而呈現黃色）就含有薑黃。在印尼，薑黃飯因其鮮豔的黃色被認爲是財富的象徵，人們經常將之塑型爲像堆砌黃金般的金字塔造型，在生日、升職或婚禮等重要的節慶中食用。在台灣，薑黃單獨一味出現則是印尼籍家務、照護移工移入、東南亞飲食大量引入之後，再加上薑黃的抗發炎、抗自由基的保健效果被大肆廣告、強調之後才流行起來的。

魚露廣泛見於東南亞料理中，最常單獨出現是用在做爲越式生春捲的沾醬，這一味也最是適合辨認越南料理的調味料。顧名思義，魚露是以鹽醃漬生魚產生的汁液，是陽光、時間和海鹽濃縮出來的鮮味。飲食學者認爲它是漢人烹飪用的醬油的原型祖先，而台灣漢人移民對它也不陌生，只是，它的漢名叫做「鮭（鮭）汁」，鮭讀作ㄍㄟˇ。早期來自漳泉潮汕的移民就會利用各種魚蝦貝肉等新鮮食材醃漬鮭汁，靠山的台中東勢至今還見得到山豬肉鮭、靠海的澎湖有珠螺鮭、彰化鹿港有蝦猴鮭，都是在地鄉土特色食物，外地人全然不知。鮭汁可以做爲烹飪上鹹鮮味的來源，是大豆醬油的替代品，鹽漬後的魚蝦貝肉等蛋白質還可以充做下飯的小菜。

認眞溯源，這些台灣人近年來才知曉的東南亞調味，其實早在我們的餐桌上陪伴許久，也許是忘記了，也許是怯於承認，在地理位置上，其實我們自己也就是東南亞啊！

課堂上，我們讓高中生認識打拋豬肉是泰緬雲南邊境多不管地帶子民逃避戰亂在台落戶求生存的餐廳菜式；薑黃雞肉燉飯是爲我們協助家務的印尼移工每週五清眞寺禮拜後的常見午餐；魚露沾上包裹養殖白蝦的越式生春捲可能來自於異鄉獨立開店的越南裔媽媽。這些食物乘載來自南方的女性在台灣這片土地上掙扎生存的努力，也是許多新台灣之子與母家的味覺連結。

餐桌是文化記憶保存之處，以往，總是說這島嶼一方地上的人們「有唐山公，無唐山媽」，在我們視爲當然的傳承父系姓氏之外，那些經常操持家庭烹飪的「非唐山媽」的來源爲何呢？在餐桌上，我們取用母親之地的動植物物產，習慣被母親傳承自阿媽的廚藝餵養，那些來自母土、母家的文化記憶，或者是源自於南島民族的原住民阿媽，或者是原自於南洋的新住民阿媽，是不是也在多數源自漳泉潮汕的父系祖先之外豐富了我們的味覺內涵，而值得更進一步的探尋呢？

另外，在家庭烹飪式微的情況下，學校教育在對應學生多元文化家庭背景之下，在食育上又可以多做一些什麼呢？或許，這些問題都可以從帶領學生向上追尋媽媽的媽媽的媽媽們，在阿媽家的滋味上找答案吧！

延伸思考

一、何謂「味道原則」？試以一項常見食材（例如：胡蘿蔔、白米等）分析各種不同民族料理如何以其味道原則而使同一食材產生不同風味。

二、試以食材品種、產地、調味方式、烹飪技法等角度切入，分析一道自家日常餐桌上的菜色如何產生其在地特色。

三、何謂「家鄉味」？綜合台灣歷史，你認爲哪一道菜最足以做爲台灣菜的代表？爲什麼？

參考資料

翁佳音、曹銘宗《吃的台灣史：荷蘭傳教士的麵包、清人的鮭魚罐頭、日治的牛肉吃法，尋找台灣的飲食文化史》

王瑞閔《舌尖上的東協——東南亞美食與蔬果植物誌：既熟悉又陌生，那些悄然融入台灣土地的南洋植物與料理》

麥可．波倫《烹：火、水、風、土，開啟千百年手工美味的祕鑰》

遙想母親的滋味——樹薯排骨湯

◎黃文儀

每回看到學生的作文寫到關於回憶的滋味，洋溢著媽媽的味道、外婆的味道、奶奶的味道，總在字裡行間飄香，這是屬於家族的共同記憶，藉由味蕾的傳承而成爲孩子記憶裡最溫柔的撫慰。縱使世道艱辛，風裡來雨裡去，但回到家中看到有人掌鍋執鏟，熟悉的飯菜香是穩定軍心的力量，足以安住躁動不安的靈魂。

兒時忙於工作的母親，在三餐煮食上難以面面俱到，以飽食果腹爲過關標準，所以到外婆家打牙祭是令人期待的。外婆看見稚齡的兒孫，總是堆著滿臉的笑，直說：「怎麼煮都一樣，變不出新的菜色。」其實我們根本不希望外婆變什麼新菜色，她拿手的卜肉、西滷肉是家人們百吃不厭的。而這些家鄉菜是跟著外婆從蘭陽平原出走，落腳在繁華台北。萬家燈火，每扇門窗裡都不時會飄出家鄉的滋味，可能吹著澎湖海灣的鹹鹹海味，也可能游著南方魚塭的海口風情。

這幾年，漸漸發現學生的母親是外籍配偶的比例愈來愈高，但或許是青少年的矜持寡語，也或許是不願意被貼身分標籤，在個人填寫的資料上，在母親的身分國籍一欄常語焉不詳含糊帶過。試想我們從小被母輩摯親所豢養滋潤的家族美味，這些來自東南亞的新住民第二代，成長過程是否也能記得母親和外婆所留下的滋味呢？尤其是這些南洋姊妹們，他們離開故鄉到異地生活，適應不同的文化、語言，就像進入黝深的山洞裡，慢慢鑿出被接納與認同的光，過程中受到的歧視不知凡幾，許多母親根本不想讓子女了解自己的故鄉、語言，更遑論是家鄉餐桌上的菜餚。

再者，以台灣的地理位置而言，農作種植的四時果物與東南亞的風土有所類似重疊，只是在經濟發展的過程，有些作物在台灣的農業版圖上漸漸消失，原來在地的滋味卻成了異國的舶來味。台灣在地緣關係上與東南亞（東協）息息相關，除了早期移民的華僑，近年來新移民、移工逐漸增多，怎能不好好從食物來認識它呢？認識東南亞的滋味，可以是認識媽媽的故鄉味，也可以是了解東南亞移工的生活味，更可以是深刻認識台灣和東南亞在風土與飲食聯結交流的飲食滋味。

這次課堂閱讀的文本，是胖胖樹王瑞閔所著《舌尖上的東協》一書中的〈從鄭和下西洋到地理大發現〉。此文提到早在元朝的汪大淵曾經兩度遠渡重洋，當時對於「琉球」的描述，極像是在描述台灣這座島嶼，這裡正是南洋的起點。接著在鄭和下西洋時期更開啟了當時中國與南洋各國的交流，但當時的任務著重在「宣揚國威」，此後的西方大航海時代的歐洲各國則是企圖開創海上絲路到南洋各國尋找資源，建立經濟命脈。

讓學生去思考並討論：

「地理大發現對於今日世界各地的飲食文化產生怎麼樣的影響？」

「鄭和下西洋的時間遠早於歐洲人抵達東南亞，爲什麼鄭和的遠行卻未促成華人世界產生『地理大發現』呢？」

透過這些想法的刺激，更能理解因爲大航海時代開啟蔬果香料作物的旅行與移植，改變了各地的飲食習慣，而作物離開了原產地，也因爲適應各地的風土而發展出更多的品種與風味。正所謂一顆香料可以視爲一部航海史的縮影。

今天實作的料理，就是從地理大發現後自拉丁美洲傳到世界各地的樹薯，生長力強，澱粉質含量高，是東南亞重要的主食之一，也曾是台灣早期重要的農產，但現在已不多見，反而是在賣東南亞食材的市場和商店才容易看到。幸運之神的眷顧，得到一批小農在冬天收成的樹薯，還獲得了產地現採現剝的照片和影片。上課時全派上用場了，學生們對這種陌生的作物也有了更寫實的印象，但這樣陌生的食物對於東南亞移民而言可是親切的家鄉菜呢！

取用樹薯來煮排骨湯，再加了也是時令作物的蓮藕，可以在排骨湯裡同時感受到兩種不同根莖食物的口感。利用煮鹹湯的機會，教學生在料理放鹽的比例，鹽在湯水的比例可以先抓在百分之〇．八到百分之一，然後視個人的口味再微調。再和同學分享台鹽鹽罐裡附上的紅色小匙，是很好的工具，一平匙就是1公克，這樣在菜餚裡放鹽可以更具概念。這些都是廚房裡的智慧，有了這些智慧才有端上餐桌的美味，不是嗎？所以說到「適量」，就是古雅文言的「量其約」、「斟酌」，都是在廚房裡熟能生巧的經驗法則。

學生負責煮樹薯排骨湯，我再同場加映的是樹薯紅豆湯，事先準備好的紅豆湯，再加上蒸熟的樹薯。剛好一甜一鹹，可以充分品嘗樹薯的滋味。有人喜歡鹹湯的層次感，有人覺得甜湯裡更容易嘗到樹薯的原味。學生都是第一次吃到樹薯，但平常吃到樹薯粉加工的食物不勝枚舉。看似如此遙遠而陌生的食物，原來和我們的生活飲食如此接近。

食譜

◆食材（4～5人份）

1 樹薯300克
2 排骨500克
3 薑5片
4 香菜或枸杞少許
5 水1.2公升

◆調味料

1 鹽10克
2 白胡椒適量
3 料理米酒1大匙

◆步驟

1 汆燙排骨。
2 樹薯削皮切塊（切塊冷凍，保存期長）。
3 水量約1公升煮滾，放入薑片、排骨，中小火煮約半小時至肉變軟。
4 放入鹽10克、白胡椒粉適量，加入樹薯，小火煮15分鐘。
5 熄火前淋一些料理酒和一小把枸杞（香菜視個人喜好，可略）。

他者與自我的滋味——綠豆沙西米露

◎黃文儀

初次讀《餐桌上的家鄉》一書，是帶著認識異國料理的好奇心走入書中，為了和同事分享書中的料理，鄭重其事地採買食材，大張旗鼓辦了一場東南亞宴。宴終人散，掩上書卷後滿懷著二十五位女性新移民的人生故事回到現實人生。這些來自南洋各地的女性，多半是因為婚姻的關係來到台灣，也有少數是因求學或工作之故。每個人的漂泊遷徙，或許是來自在經濟泥沼中掙扎，或許是根源於排華暴動的恐懼，或許是萌發於美好夢想的追尋。異鄉的生活儘管不乏接納與包容，但也不少歧視與偏見的針芒，斲刺得生活遍體鱗傷，步履坎坷蹎踣。

為了讓自己能夠順利融入新環境，南洋姊妹們像蒲公英般隨風張飛，著土生根，向陽綻放，從語言文字、生活習慣、飲食烹調，無一不學，甚至加入經濟勞動的行列，成爲幫助家中生計的主力。但是不管再如何融入群體，始終有條隱形的線區隔出身分上的差異。往往口中不經意的「外籍新娘」，就成了她們嫁來台灣後再也脫不掉的標籤了。外勞、外傭、外配、除了是身分上的註記，「外」有別於「內」，無形的隔閡隱藏在字裡行間與看法態度上。他者與自我的區隔，讓新住民的第二代——我的學生們，從小漸漸習慣隱匿血脈中的母系身分，這是社會中普遍的有色眼光，讓他們不自覺地縮小自我與衆人的差異，含糊掩飾母親的身分。

雖然華人社會的傳統觀念仍是男婚女嫁，所謂的「之子于歸，宜其室家」，女子出嫁，就是祝福她興旺夫宅，嫁入夫家，就此本家就成了娘家、外家。但是媽媽的娘家，是孩子們的外婆家，「外婆家」不是只有爺奶居住的磚瓦樓房，更是溫暖慰藉的象徵與母性堅韌生命力的護持。新住民的孩子們從他們的母親開始，戰戰兢兢於融入環境與爭取認同，漸漸淡化自我本有的生命記憶與文化。她們的孩子，新台灣之子，體內融合的血液有一半是暗淡無色、了無光彩。老歌〈外婆的澎湖灣〉，輕快的旋律唱出了多少人的童年回憶？想想我的學生們，母親是來自斑斕葉、椰子樹與橡膠園的遙遠故鄉，他們日後是否也能譜出屬於外婆家的曲調呢？

這次上課的主題以《餐桌上的家鄉》中〈成爲完整的人——佩香的南瓜西米露〉一文，讓高中生藉由閱讀進入「他者」的身分，先從地圖來認識主角佩香故鄉是柬埔寨的磅針省，從與柬埔寨接壤的國家可以了解這個國家的大歷史發展，然後再和學生討論佩香個人的生命史：佩香的原生家庭、結婚後的家庭的親人關係。再請學生思考：當你理解了佩香的生命故事後，爲何文章標題是「成爲完整的人」？你認爲，在佩香與兒子立勳的心裡，怎樣才算是「完整的人」？

藉由思考與討論，「完整的人」的概念可以帶給高中生更深刻的省思，以佩香而言，帶著母親早逝、兄長自殺與父親關係疏離的缺憾，飄洋過海到傳說中美好的國度，但現實的考驗並沒有帶來童話般美好的結局。她透過工作、進修、獨力養育兒子來找尋人生的定位與價值。而立勳——佩香的兒子——在母子相依爲命的成長歷程中，也在學習蛻變而成爲完整的人。對於每個看到佩香生命故事的高中生，是否也能進而觸發自己的生命經驗，去思考如何可以成爲完整的人呢？

課堂上的最後提問：你是否認識像佩香和立勳這樣的「他者」？你可以述說（或記錄）他們的故事嗎？當時我和惠貞在設計這學期的課程時，我們最大的希望就是班上若有新住民的學生，這門課就是讓他們認識母親故鄉的滋味，所謂外婆家的滋味。但從學期初一開始上課後，並沒有很刻板地調查：誰的母親是新住民？而想利用課程的引導讓他們主動說出自己的故事。在學習單上的這道題目，學生除了提到同學的母親、舅媽、鄰居，其中也包括提到了自己的母親……。讓新住民第二代可以抬頭挺胸地書寫母親的家鄉，想要追溯外婆家的味道，是高中生的人文廚房想要烹調的動人滋味啊！

香甜軟滑的南瓜西米露是佩香童年時的家庭回憶，兒子立勳喝著南瓜西米露是否也更能了解爲了追求幸福而飄洋過海的母親呢？今天實作的料理，便是用南洋食材西谷米和椰漿與台灣本地的綠豆仁煮出一鍋香香甜甜的綠豆沙西米露。多元的食材可以激盪無窮的美味，期待台灣這塊土地足以有開闊的心胸包容多元的文化，納他者爲自我，生命的沃壤可以孕育昂然挺立的台灣囝仔！

食譜

◆食材（4～5人份）

1 西谷米150克
2 綠豆仁200克
3 椰漿1罐（200毫升）
4 鮮奶200毫升
5 水1000毫升
6 二號砂糖180克

◆步驟

1 綠豆仁加水1公升煮到熟軟，加入二號砂糖攪拌融化，可預先煮好冷藏。

2 另外取水滾沸加入西谷米，煮約10至15分鐘，顆粒大部分已透明，只剩中心還有小白點，熄火蓋上鍋蓋，悶至全部西谷米爲透明狀。

3 以濾網取出西谷米，泡在冰水中降溫，西谷米會更軟Q。

4 濾掉冰水，將西谷米加入椰漿和牛奶。

5 混合綠豆沙及椰奶西米露。

他鄉變故鄉的滋味——打拋豬

◎黃文儀

幾年前的寒假，拋夫棄子到清邁自助旅行，一個星期的放空，有一天半都窩在教泰式料理的廚房裡學做泰式料理。逛當地的傳統市場，熟食攤上是當地的常民飲食，生鮮蔬果五顏六色，第一次看到泰式酸辣湯必備的檸檬葉是來自於一種表皮皺褶蜷曲如豬腦的醜檸檬，這種檸檬只取皮與葉入菜，清香沁鼻。在料理廚房戶外的農場上看到各式香草的本尊，有別於只能在超市的異國料理區看到的只是一瓶瓶的乾燥香料或是眞空醬料包。

這些入菜的香草植物，後來在常去的建國花市也能漸漸尋得，以往我慣常買的不外是九層塔、迷迭香、薄荷……，後來開始購進香茅、南薑、香蘭葉、打拋葉，在我的露臺上搖曳著一區南洋風情。有一回好不容易看到檸檬葉，還在觀望猶豫之際，立刻被一位操著外籍口音的南洋女子打包帶走最後三盆，留下徒呼負負的我！原來在這座城市裡也有著一群在尋找家鄉風土的異鄉客，我的異國尋味是她的魂牽夢縈，藉由這些香草植物讓我們有了交集，所有在台灣的住民，不管新與舊，在食物中找到了慰藉與理解。

這些代表南洋料理的香草植物，有些也曾經在台灣的土地上生長，隨著季節遞嬗而榮枯循環，但因經濟價值不高而漸漸減少甚至消失。如果想要在自家廚房煮上一鍋泰式酸辣湯，香料三寶：香茅、南薑和檸檬葉，大多只能買到乾燥進口的乾貨。有時專程去中和的華新市場，只爲取得冷凍的香茅與南薑，這時還眞懷念在清邁市場上看到的鮮果時蔬！

這堂課的料理主題是打拋豬。有人對這一道菜的認知帶著美麗的錯誤，以爲「打拋」是料理豬肉的手法，就像「手撕雞」。其實這道菜名是兩種主要食材的結合：打拋葉和豬肉。因爲打拋葉在台灣比較少見，常都是以同是羅勒科植物的九層塔取代。爲了正本清源，這堂高中生的廚房走香草花園風，學生們一進教室就看到在料理桌上放了三盆香草——羅勒、打拋葉和九層塔，就像我在清邁學做菜時先進香草花園辨識植物一樣，從食材的原型認識料理。這三種同屬羅勒科的香草植物，在不同的地區與其他食材相搭配，演繹出各式料理風華。直接就近觀察這三盆植物，從外觀和氣味一一分析：九層塔色深，香氣濃烈；羅勒次之，學生們覺得帶有水果的香氣；打拋葉的味道最淡雅。

九層塔在台式料理的應用十分廣泛，各式三杯料理絕對少不了這一味，街頭小吃的鹹酥雞，油炸起鍋前下一把九層塔，香氣撲鼻，這是屬於台灣味。而打拋葉在泰式料理中也如九層塔一般，各式熱炒都很適合。在台灣的打拋豬料理常以九層塔取代打拋葉，還會加上小番茄或番茄碎拌炒，增添酸甜的風味。但這看在泰國人的眼裡已不是正宗的打拋豬，網紅娘娘還以搞笑的說辭說加了番茄的打拋豬就是「死罪」！可以想像一個懷念家鄉味的泰國人，在台灣看到打拋豬的錯愕反應。其實「他鄉變故鄉」，流轉更移的不只是人物，連食物都是如此遷移變化的過程，但透過食物的交流分享，不落於是己非彼的堅持，也能了解料理的源流演變，南洋的滋味也可以帶著多元的台灣味。網紅娘娘口中的死罪定讞也可以無罪開釋啦！

學生們仔細端詳比較三盆香草植物，還有人手繪植栽。接著就開始熱炒打拋豬，並且炒出兩種版本，有加小番茄的台味版和不加小番茄的泰式版，再讓食客們品嘗後自己比較看看！（看過學生寫在學習單的回饋，兩種版本都有人支持啊！）電鍋裡用泰國的茉莉香米煮了香米飯，讓高中生們體驗泰國米的滋味口感。泰國米是秈米的一種，形狀細長、煮熟後的口感稍硬，偏向乾鬆不黏口。最後每人都要煎一顆半熟蛋，做出一份打拋豬便當！炒打拋豬，香氣逼人；煎半熟蛋，緊張刺激。不知是否可以大言不慚地自誇：學生親手做的打拋豬便當是今天最美味的高中生午餐！

食譜

◆食材（4人份）

1 豬絞肉600克
2 九層塔（打拋葉）50克
3 大蒜4～5瓣
4 辣椒1根
5 檸檬1顆
6 小番茄

◆調味料

1 泰式醬油
2 椰糖
3 魚露
4 打拋調味包
5 酒

◆步驟

1 洗切食材，蒜頭和辣椒切末，小番茄切半，九層塔去梗取用葉片，檸檬壓汁。
2 調製醬汁：魚露、酒、醬油、椰糖、打拋醬、檸檬汁比例＝2：1：1：2：3：1。

3 鍋熱先放絞肉，絞肉出水炒乾變得乾鬆。

4 取出絞肉，鍋中放少許油炒香大蒜和辣椒，再下絞肉拌炒。

5 加入醬汁炒拌均勻，再下九層塔，炒出塔香即可熄火成盤（要加小番茄的可以一起加入）。

流離與認同的滋味——薑黃雞肉燉飯

◎黃文儀

有一回，校內的教師社群活動就是閱讀胖胖樹王瑞閔的《舌尖上的東協》，這本書開啟了我進入南洋料理的大門，此後逛中和的華新街就成了家常便飯。之前對這條街的朦朧印象，就是緬甸街的滇緬美食，以及每年泰國的潑水節這條街會封街打水仗，充滿了濃厚的泰緬風情。開始在這裡尋找南洋食材，可以感受更多元的飲食文化，市場上會賣著難得一見甚至是全然陌生的青蔬野菜，雜貨店裡各式香料、調味料和醃漬食物簡直大開眼界，原來茶葉不只是拿來泡茶，緬甸傳統料理有一道就是醃漬茶葉。附近的小吃店家各有特色，看得出來不少是熟客，就像坐在自家餐桌上一樣自在，騎樓下也擺著桌椅，吃著家鄉菜、說著家鄉話，時光彷彿抽離出車水馬龍的大城市，而回到住著故人鄉鄰的家鄉。

初來乍到這條街的我，光是決定要走進哪家店就已猶豫不決，望著陌生的菜單更是難以決定。然後面對料理特殊的涼拌醃漬和湯水熱食時，對口味的不確定感令人無法暢快舉箸開吃。此時不免換位思考，試想外鄉遊子面對新環境種種的不適應，豈是飲食料理一事所能概括？於是能有一處烹煮著家鄉料理的市街，可以安妥思鄉情懷在肚腹中躁動不安的翻攪，是漂泊浪子足以定錨的港灣。後來發現這裡除了一九六〇年代因緬甸政局不安而遷移的華人移民，近年來因新住民與移工漸多，也成了他們經常活動的區域，像南洋姊妹會及燦爛時光：東南亞主題書店都在此處駐點。而我也因對於南洋食物的好奇而意外地走進了這裡，開拓了更豐富的味蕾感受，感受這塊土地上更多元的文化。

這次上課的食材是薑黃，薑除了是台式料理常用的辛香料，在南洋料理也從不缺席，而且薑的不同品種在各地誕生了精采的飲食特色。泰式酸辣湯慣用的是南薑，印度的綜合香料馬薩拉（Masala），常用到的是薑黃。這次就以薑黃粉結合義式燉飯的料理方式，端上別具特色的米飯料理。好友在老家農地種有薑黃，特別爲我留下一大枝新鮮薑黃，足以現「薑」說法，再佐以圖片比較常見的生薑（子薑和老薑）、薑黃、南薑、沙薑，有何不同。認識食材，是學習料理的起步，也是理解各地風土滋味的具體認知。這一道燉飯稍具難度，所以介紹了薑黃後就開始處理食材，先將鴻喜菇和醃製的去骨雞腿肉煎至八分熟盛出，薑黃的香氣在油煎過程非常鮮明。再下洋蔥末、大蒜末炒香，放入益全香米拌炒（不用義大利米，用在地台灣特色米還是可以煮燉飯）。

接下來就是辛苦的手勁活，將約四倍米量的水（加入薑黃粉及鹽調味），分次加入鍋中拌炒（一次不可再太多，炒到水分快收乾才能再加水），隨著薑黃水不斷加入，顏色愈來愈鮮黃燦爛，米飯和大蒜洋蔥逐漸混合均勻的香氣逼人。學生們的手忙碌著，眼神期待著，炒到八、九分熟（還是以大家習慣的米心全熟），鋪上剛剛煎好的菇和雞肉，撒上帕瑪森起司粉，蓋上鍋蓋，小火悶熟。

等著燉飯之際，由惠貞帶著同學們討論《舌尖上的東協》一書的〈我在異域看見東炎〉，了解泰國菜在泰國各地有不同的菜系，各有特色。而泰北菜受到毗鄰的緬甸影響，所以泰緬料理合稱其來有自。泰國菜傳進台灣的歷史背景，爲何會有泰北孤軍？其時空背景爲何？在大台北地區，那些地方是泰國菜的發源地？在台灣頗受歡迎的異國料理泰國菜，是南洋的滋味漸漸台灣在生根發芽的具體實證，也是或因戰爭顛沛流離寓居，或因離鄉背井追尋理想的生命記事。高中生的人文餐桌，可以從料理中品嘗時代的故事，聯結自己與他人的關係。更想提醒他們，如果母親是來自於海洋的彼端，他們知道屬於母親家鄉的風土滋味是什麼嗎？

最後，大家盛裝著薑黃雞肉燉飯，佐以綠花椰裝飾，金黃與鮮綠，耀眼迷人！品嘗過後，可以了解燉飯料理和我們平常吃的炊飯或炒飯有何不同，並且藉由這道料理的鮮豔配色與獨特香氣，進行一番生動的文字描述，飲食文學的實境就在廚房裡，就在餐桌上！

食譜

◆食材（4人份）

1 台農71號益全香米2杯
2 去骨雞腿肉兩副
3 洋蔥半顆
4 鴻喜菇一包
5 綠花椰200克
6 大蒜3瓣
7 薑黃粉20克
8 高湯8杯

◆調味料

1 鹽20克
2 醬油1大匙
3 糖3小匙
4 料理酒2大匙
5 白胡椒粉適量
6 食用油2大匙
7 帕馬森起司粉適量

◆步驟

1 洗切食材，大蒜和油蔥切末。雞肉切成小塊，以薑黃粉（一半的量）、白胡椒粉、鹽（12克）、糖、酒和醬油醃漬入味。

2 平底鍋中煎鴻喜菇和雞肉（先煎帶有雞皮那面，煎到金黃上色）取出鍋中食材。

3 放少許油在鍋中炒香大蒜和洋蔥，再放入米拌炒。

4 高湯加入剩餘的薑黃粉和鹽8克攪拌均勻，分次加入鍋中拌炒（一次以一杯的量炒至水分收乾才能再加，直到高湯用完）。

5 放上雞肉和鴻喜菇，撒上帕瑪森起司粉，轉小火蓋鍋蓋，將飯悶至米心熟透。盛盤時再擺上燙熟的綠花椰。

黃文儀/黃惠貞

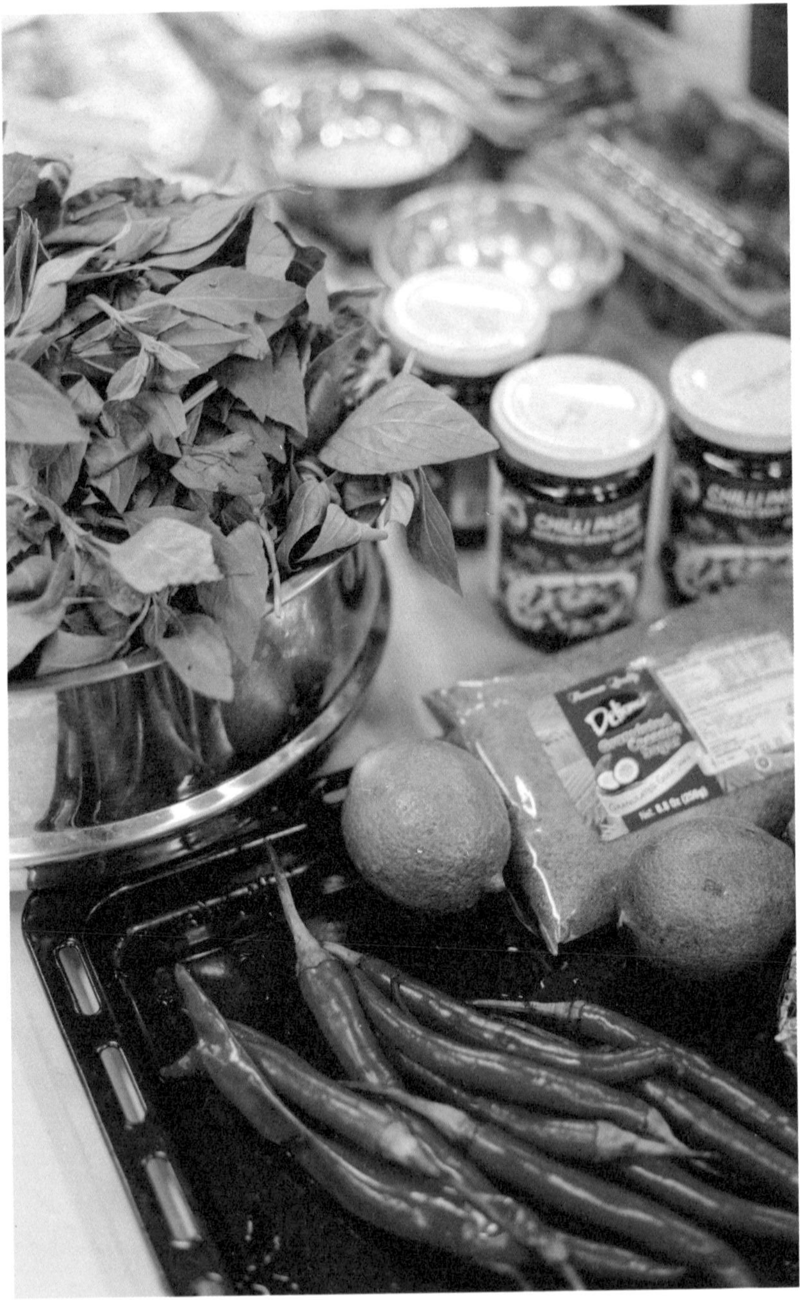

工序
洗切
汆燙
煮湯
筷子

關於樹薯

SAKURA
G-612K
TGAS

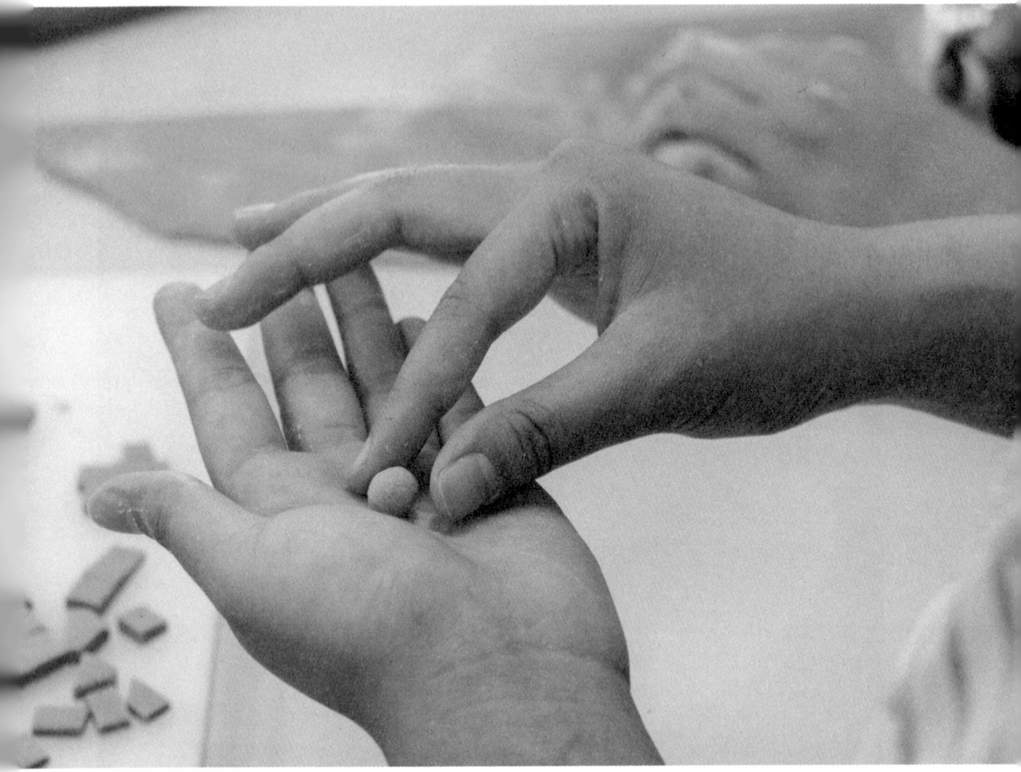

SLOGAN
這是台灣

第三章

貧窮的滋味

黃文儀、黃惠貞老師的課前對話

貞：這是個美食媒體大爆發的時代，獵奇、嘗鮮、窺探，好像樣樣都需要錢，好像有錢有閒才有資格享受美食。

儀：對！再加上自媒體的推波助瀾，不斷追求飲食的豐富與精采。漸漸地，好像只有五星級或米其林才是美食的代名詞。

貞：找新食材、稀有的、遠方的食材，似乎稀奇罕見就等於美味哩！

儀：對於新世代的學生而言，吃美食就一定要去餐廳吃大餐。

貞：人們聽風聲找食物，這就好像是清朝詩人、散文家袁枚《隨園食單》說的「耳餐」。

儀：有同感！現在看著Google的推薦去尋找美味似乎已成趨勢。

貞：其實，飲食不就是日常？只要用心，餐餐也可以很有滋味啊！

儀：是啊！難道物質不豐的年代就沒有美食？美食該如何定義？

貞：我想起小時候家人準備的日常簡單的食物，把有限的食材用到極致，鹽漬蘿蔔皮炒蒜苗也可以很好吃。

儀：我也記得外婆告訴我，以前想吃點什麼零食的時候，會用太白粉加糖沖熱水，攪拌後，就是一道好吃的甜品。

貞：剩菜再利用也是很澎湃，舊時宴客後的菜尾湯，也是難忘的美味！

儀：如何在有限的物質條件中創造美味，眞的是生活的智慧。

貞：飢餓創造美味，味覺敏銳了，就嘗得出食物的深沉滋味。

儀：所以貧窮所創造出的美味更是雋永。現代社會中，富裕的生活、精緻的美食都在過度的浪費中不被珍惜。

貞：而且所謂的美味也不只是口舌尖的味覺、嗅覺，讓食物好吃的還有感情，和誰一起吃很重要啊！年輕時和知心好友吃泡麵也很開心啊！

儀：所以貧窮或許對於美食是限制，但也是正向的刺激。善用食材、知足惜物是貧窮中體現美食的滋味。也因爲貧窮所以食物大多可以呈現原汁原味的美味。

貞：是啊！曾經帶學生去體驗插秧，一整個上午在烈日下勞動，中午的插秧飯，簡單的紅燒肉、白米飯、炒高麗菜，高中生大快朶頤，吃到盤底朝天。

儀：這肯定是印象深刻的美味大餐。

貞：滷汁的鹹補充了豔陽下流的汗水，突然間，手上的秧苗都看著讓人珍惜起來了。只有貧乏才讓人體會食物都是自然的恩賜。

儀：所以我一直不太認同一句話：「貧窮限制了我們的想像。」現代社會應該思考如何返璞歸眞，所以貧窮反而是啟動更深刻的思考與創造。

貞：是啊！貧窮不是限制想像，反而是刺激思考。

儀：在餐桌上，貧窮的滋味可以結合古早的味道與現代飲食過度浪費的反思。

貞：台灣本就不是資源豐富的所在，是祖輩們強大的意志力和想像力才造成現在的新天地。所以不該在富裕的現在，回頭去嫌母醜家貧呢！

儀：所以貧窮的滋味是回憶古早味，是珍惜食物的原汁原味，是感念前人看待食物的智慧！

貧窮的滋味

◎黃惠貞

在人類漫長的歷史中，多數時期是處於飢餓狀態的。因爲對飢餓的恐懼，生理學家也發現人類在演化的過程中發展出「節儉基因」，因而使得人類細胞善於儲存脂肪，以便於對抗隨時降臨的飢荒。

在東亞地區，帝制時期的兩千多年中至少有一千八年百的飢荒。在歐洲，直到現代工業開始發展的十九世紀中葉時，愛爾蘭還有因爲馬鈴薯歉收產生的大飢荒，並迫使超過三分之一的人口移民至北美洲。在二次世界大戰之後，世界各地因爲工業革命普及，並因技術革新帶來農業的綠色革命，而使得糧食生產大增，即使部分地區因爲天災或戰爭導致作物歉收而發生飢荒仍時有所聞，但多數地區在一九八〇年代以後，不但已經脫離飢餓的命運，甚至還因爲飲食過盛，節儉基因變成肥胖基因，甚且產生諸多肥胖導致的併發症。

對新世代來說，飢餓不再是問題，但是因爲飢餓而產生的飲食文化仍持續影響我們。有研究顯示，在今日中國被祖父母隔代教養的兒童通常會比較胖，因爲這些祖父母本身就是一九六〇年代文化大革命時期大飢荒的倖存者。在台灣，網路鄉民也流傳「有一種餓，是阿媽覺得你會餓」的笑點。因爲經歷過二戰時期食物缺乏、需要配給的老一代人，還普遍存有把孩子養得白白胖胖是家長應盡責任的觀念，而這些例子正說明現今的我們其實都是飢荒生還者的後代。那種吃不飽的記憶深植於文化中，以至於「食飽未？」至今還是台語中問候「你好嗎？」的代用語。而另一個害怕飢餓的極端則是「吃到飽」餐廳也在我們的社會中大行其道。擁有豐盛的飲食當然是社會普遍富裕後的必然結果，但是，貧窮時代所產生的利用食物的智慧與文化便一無可取嗎？

就地取材的智慧

在貧窮的年代，可以選擇的材料不多，於是「靠山吃山，靠海吃海」這般就地取材的烹飪之道便是生活之必須，蚵仔煎在台灣的出現就是很好的範例。蚵仔煎被認爲是最能代表台灣的小吃第一名，也經常是民意調查中外國人必吃的幾大台灣美食之一。蚵仔煎不是台灣獨有的小吃，中國福建省沿海地區也常見，當地人稱爲海蠣煎，其樣態像是煎炒裹粉的蚵仔，比台灣的蚵仔煎更不黏稠，蚵仔的比例更高且粒粒分明。東南亞華人地區也有，新加坡人稱爲蠔煎，勾芡的澱粉比例更少，看起來更像是蚵仔炒雞蛋，甚至可以做爲一道菜而不只是擋飽的點心。

關於台灣蚵仔煎的起源，有一則和鄭成功有關的傳奇。一六六一年春天，號召反清復明的鄭成功率領數萬大軍自金門渡海，攻打已經被荷蘭統治三十餘年的台南地區。與荷蘭軍隊交戰期間，官兵糧食不足，鄭成功號令船上「總鋪」（船上備辦飲食的負責人，也就是總鋪師一稱的由來）就地取材，以番薯粉和其他穀粉打漿，混雜各種找得到的海產、肉類，佐以青菜等，以油鍋煎成餅，此即蚵仔煎的原型（文字摘錄自曹銘宗《蚵仔煎的身世：台灣食物名小考》，貓頭鷹出版，出版日期：二〇一六年十一月）。

當時，蚵仔煎其中的青菜並非今日常見的小白菜、茼蒿或空心菜，而是豆芽菜。鄭成功的兵力源自於鄭芝龍接收自中國東南沿海海盜集團的武裝貿易船艦，當時往東南亞貿易的商船的主力商品之一是瓷器，為保護瓷器便以豆類填充空隙防震，而綠豆遇水孵芽後，豆芽也就成為船上的食用蔬菜。至今，台南地區許多商家販售的蚵仔煎仍是以豆芽菜製作的，不少在地人還堅持這才是「正宗」台灣蚵仔煎。

鄭成功家族源自泉州，這種利用番薯製粉，以番薯粉入菜的烹調手法是泉州人的習慣，當地本就有以番薯粉煮牡蠣做成的羹，也有用蔥、菜等佐料在熱鍋中與番薯粉攪拌成團，就著鍋子以筷子挑著吃的「番薯粉牽」。這種「番薯粉牽」在今日還遺留在許多家庭的餐桌上，泉州移民後裔聚居的大稻埕地區還以此為年節節慶食物，寓意為「團結力量大」的家訓，並以「結番薯粉」稱之。蚵仔煎其實就是這兩種泉州人家常食物的合體，但經由鄭成功這位文化英雄的加持，其身世也就更加華美，做為台灣美食代表也更當之無愧了。

因地制宜迸出新台灣味

沙茶名稱源自馬來語的沙嗲（Satay），是另一項台灣菜就地取材進行變化的展現。沙茶至今是許多不善烹飪的學生出國留學時治療思鄉病的標準台灣味。沙茶以芝麻油、蒜末、扁魚酥、蝦米、辣椒、中藥香料等炒製而成，各家或有其不同比例和獨門配方，做爲一種已經被工業化大量產製的調味料，它可以是乾粉狀或是含油脂量高的醬料。

與沙茶發音相似的沙嗲其成分很不相同，它的主原料是花生、椰奶、醬油，以及薑黃、南薑、蒜、辣椒、胡荽子、小茴香、香茅等更多種類的香料。十七世紀以來，以閩粵移民爲主的漢人文化構築出台灣社會的主流，也因爲在大清國統治之下，台灣長時間隸屬於福建省台灣府，最高的行政長官稱爲台廈（兵備）道，受位在福州的福建巡撫管轄。因此，一般都認爲傳統的台灣菜源自於福州菜，強調原味，最常見的香料蔬菜也不過就是蔥、薑、蒜，或者再加上一些辣椒增色（未必是取其辣味）。沙茶這般海味、香料味爆棚的調味料之所以能端上台灣餐桌，那背後可是一長串移民流徙的故事呢！

在以農立國的時代，安土重遷是需要富饒的土地資源條件的，在閩粵山多田少的地區，過剩人口必須向外流徙尋求生存機會。十七世紀以降，隨著西人東來，中國也被捲入大航海時代的環球貿易體系，對靠海吃海的閩粵沿海居民而言，渡海往南洋進行貿易，或跨越黑水溝移居台灣農墾都是選項。這些移民遠赴南洋，習見南洋群島地區使用香料入菜的食俗，南洋群島地區多穆斯林不食豬肉，沙嗲通常做爲燒烤的雞肉、牛肉佐料。潮汕移民返鄉時也把這些調味料、味型帶回原鄉，再因地制宜以家鄉近海產的魚鮮，取代不易獲得的南洋食材。

潮汕地區原本盛行種蔗製糖，牛隻是重要的農工獸力，當地也有不食牛肉的習慣。但至十九世紀後期工業化之後，製糖的糖廍改建爲新式製糖廠，農用牛隻淘汰爲食用牛，沙茶與牛肉結合，成爲潮汕地區的在地味，之後，更隨著潮汕移民所到之地四處飄香。二戰之後移居台灣的潮汕移民再次將這一味發揚光大，除了在移居的城鎮開設沙茶牛肉火鍋店營生，也將此味投入食品工業製成醬料包、罐，並輔以大規模的廣告行銷手法，自一九六〇年代以後風靡全台。也因此，至今沙茶醬總和火鍋相伴，而沙茶醬的品牌名稱總也和「牛」字相關。原先做爲燒烤肉串佐料的素食香料沙嗲，幾經潮汕移民過海的洗禮，因地制宜一變而爲與火鍋結伴的海味香料沙茶，從南洋味變身爲台灣味。

保存食物的智慧

「窮則變，變則通」。在貧窮的年代裡，除了就地取材、因地制宜以外，利用簡單的加工技術保存盛產季的食材以備再利用，那又是另一種時間醞釀出來的智慧。食品加工技術可不是今日工業化之後才產生的，許多加工儲藏的技術早已存在數千百年而今仍繼續使用。以紅棗爲例，收成後稍經沸水燙過殺菁，再加以曬乾就可以長時間保存，這是中藥裡常見用來增加甜味的紅棗。燙過後再以煙燻烘焙至棗肉半熟，再進行乾燥就是黑棗，也可以入藥。放入鍋中用白糖熬煮再曬乾就是蜜棗，可以泡茶也可當零食。再去核打成泥再加入碎核桃搓揉凝成團，再切片享用，這是可做爲年節供品的南棗核桃糕。貧窮並沒有限制想像力，同樣的食材加上各種烹飪、烘焙、乾燥技術就創造出各種不同形式和滋味。甚至，不需要經過烹飪，只以最簡單常見的調味料：鹽和糖，再加上時間的魔法，即使資源貧乏，餐桌上的滋味仍舊可以豐盛。

四百年前開始大量移居台灣的外來人口，以原居於漳州、泉州、潮州的南方漢人爲主，這些人是以米爲主食的族群。米食族群飲食的基本配置是「吃飯配菜」，「飯」一定是稻米煮成的，不是小米，就算產麥也是磨粉食用，不會做成麥飯。

而「菜」指的就非常廣泛，凡是能「下飯」的都可以稱之。富貴之家以米飯配羹（帶汁的肉，可能就是滷肉飯的由來），窮人家就配葵菜（黏滑的菜），或是摻入米渣（糝）做成的菜羹。最儉省的方式則是將發酵過的淘米水（漿）摻入飯中，再配一些有鹹味的醬或鹹菜。「醬」可以是肉做的醢（讀音爲海），或是豆類製的醬。鹹菜則可以是韮菜做的齏（讀音爲基），或是切塊蔬菜做成的菹（讀音爲居）。這些食物對古人生活相當重要，爲了區別，每一款都有專屬的字詞。現代的韓國人還保持這樣的古風，但現代漢人反而已經鮮少使用，一蓋通稱爲「醬菜」。「醬菜」的產生來自於醃漬的智慧。透過糖、鹽、醋和陽光等天然的保存手法來延長食物的賞味期限，除了可以調節盛產期之外，還能增添風味，這是人類與自然環境、季節和細菌長期共生而累積出來的生活智慧。

鹽漬的智慧

台灣四面環海，飲食中需要的調味料中最不缺鹽，用鹽醃漬的食物很多，最常見的蘿蔔乾就是其中之一。白蘿蔔內含的蘿蔔硫素本身就有殺菌功能，而一般食物中容易導致發霉的粗蛋白、粗脂肪、碳水化合物含量則相對低。冬季白蘿蔔盛產時，將蘿蔔剖開，以鹽醃去除水分，經過充足的日曬，即可以長時間保存。

一般說來，新鮮蘿蔔和曬製完成的蔔蔔乾重量比是10：1，十公斤的生蘿蔔只能得出一公斤的蘿蔔乾，若是醃漬時間更久，可以得到滋味更爲醇香的陳年老菜脯，中醫藥學甚至認爲是具有療效的藥材。另外，各地切製蘿蔔乾的手法不同，除了常見的短條狀，還有細絲狀的蘿蔔絲、薄片狀的「蘿蔔錢」，甚或是切成長寬條狀不經鹽醃、純粹日曬熟成的白蘿蔔束，因形狀使得白蘿蔔和鹽、日光接觸的程度不同，產生的風味也不相同，於是可以產生和不同食材搭配的各種吃法。「蘿蔔乾文化」失傳後，今人多只知道蘿蔔乾煎蛋、菜脯雞湯的吃法，其實是很可惜的。

鹽漬蔬菜之外，富含蛋白質的魚、肉也可以透過與鹽結合的轉化產生極佳的美味。所謂的「烹」飪，有時候不須經過火的烹煮，善用自然物質的結合與時間的醞釀也能成就美味。早期常見的「膎」，就是瀕臨失傳的美食。中國東南沿海地區早在公元五世紀之前就有以醃魚汁保存食物的技術。將生魚（蝦、蚵、貝類、豬肉也可）、熟飯、海鹽，放入瓶罐之中，以竹葉密封任其發酵。經過數月之後，魚肉蛋白質腐化成泥狀，產生大量汁液，形成有魚鮮味的濃鹽水，這就是醬油更早的型態。用魚醃的常稱爲魚鹵，就是「魚露」的語源。

福建漳泉地區的語言稱醃魚爲膎（音ke），醬汁是汁（tchup），醃魚汁就是膎汁（ke-tchup）。在印尼、馬來語中所有魚、豆類做成的醬汁都稱爲kecap（發音與ketchup相同），也是源自於福建方言。這類醬汁的名稱被來到東南亞的荷蘭、英國水手、商人帶回歐洲，幾經演變，其中海鮮的比例降低，以番茄取代，經過亨氏（Heinz）食品公司的成分調整，成爲現今番茄醬汁（tomato ketchup）的樣貌。早期台灣移民多來自漳泉潮洲地區，這種製作「膎」的技術也被帶進台灣，除了魚之外，其他的海產也可以製作，蝦膎、蝦猴膎、珠螺膎，甚至豬肉膎都有，「膎」做爲富含鮮味的調理醬汁之外，經過鹽醃泡製的醬蝦、醬螺、醬豬肉也成爲極爲下飯的配菜，在貧窮的年代，一大碗米飯配醬菜、醬肉就是庶民們飽食也營養尙稱均衡的一餐。

鹽漬之外，油、糖也可以保存食物。燒沸的油提供同質量的水蒸氣三倍的熱力，可以使食材迅速釋放香氣、水分，增香之外也有利保存。將紅蔥頭以油炸製成的油蔥酥就是台菜的招牌特色，幾乎無菜不可入。在台灣，各地市場總有一專售麵食的小吃攤，而其中扛起在地風味重任的就是店家以油脂自製的油蔥酥，因著使用豬油、菜籽油、花生油的不同，紅蔥頭切製的粗細差異，油炸功力的高下，成就出不同的風味。法國的高級料理也喜歡以紅蔥頭做調味。不同的是，在台灣，這一味是庶民日常的風味。

糖漬的幸福與苦澀

糖漬是另一項引人入勝的美味，曾經盛產蔗糖的台灣當然也深諳此道。除了各式以糖蜜漬的水果，用作主食的番薯，也能夠糖漬爲零食或節慶時祭祀的供品。

糖是天然的防腐劑，而且在適當的保存條件下沒有保存期限，與食材結合後，它可以爲食物提供柔滑的質地，增加體積分量，還能增添亮麗的顏色。

製作糖的甘蔗並非台灣的原產物，以往多認爲是大航海時期由荷蘭人自東南亞引入台灣的。但是，原產於亞熱帶、熱帶地區，成爲南島語族人與新幾內亞原住民古老作物的甘蔗，很可能早在荷蘭人來台前就經由南島語族文化圈的交流在台生根。成書於十四世紀的古籍《島夷志略》就提到琉球一帶住民「釀蔗漿爲酒」，此書的琉球一般認爲是指今日的日本沖繩縣，但位處更爲南方的台灣島沒有理由沒有甘蔗。而十七世紀初，荷蘭人初抵台灣島做成的調查紀錄也提到蕭壠社（今台南佳里）的原住民有甘蔗這一作物。而鄭成功家族治理台灣期間，也曾發生攻打原住民社群時，在中台灣（今台中神岡一帶）蔗田中的大戰，可見蔗園早在台灣各地存在，可能在漢人大量入台之後才成爲普遍種植的作物。大清統治期間，甚且成爲外銷經濟作物的支柱，不但供應中國大陸地區有餘，還是日本明治維新以前唯一的蔗糖供應來源。

台灣做爲產糖之地，延續至日治時期、戰後國民政府統治時期初期，還是賺取外匯的重要產業，一直到一九九〇年代以後，因爲產業轉型以及人力成本升高，台糖公司逐年縮減製糖規模。如今，全台只剩下提煉進口原料糖的小港廠，以及及壓榨國產原料甘蔗的虎尾、善化糖廠仍在運作。台灣從蔗糖出口國轉變爲進口國。

做爲重要經濟資源，日本治台初期卽針對糖業發展提出《糖業改良建議書》，將傳統以牛車壓榨於糖廍製糖的技術改變爲現代糖廠製作，從甘蔗種苗的培育、榨汁提煉的方式，乃至於種植與採收的制度全部變更，製糖業一變而爲台灣現代工業的火車頭，甚至製糖附帶產生的糖蜜、酒精在戰爭時期還成爲軍需品的一環。蔗糖雖甜蜜，但製糖的甜頭在殖民統治之下，只由日本資本家和與日本統治者協力的台籍富戶壟斷。在台灣總督府「甘蔗採收區域制度」和「產糖獎勵法」的規範下，甘蔗種植區內農民沒有改種他種高附加價值作物的選擇，必須接受糖廠片面決定甘蔗收購價格和重量的決定。因此，民間長期流行「第一憨種糖給會社磅」的俚語。種蔗的收入買不起米糧，吃不起高價的蔗糖，日常以番薯爲食，以糖蜜漬的番薯是特殊節慶才有的甜蜜滋味。

作家楊逵的〈送報伕〉主人公就是不堪製糖社會剝削逃出農村的青年，但當他東渡日本尋求出路後，卻又在都市中陷入工業資本主義剝削底層青年的壓迫，苦悶得毫無出路。一九二四年秋天甘蔗採收季節時，彰化二林地區知識分子與農民結合發起的「二林事件」就是爲糖而起的爭議。此事件促成台灣農民的團結意識，各地紛紛組成「農民組合」投入抗爭。這些組織在個別抗爭事件中雖有少許斬獲，但在一九三〇年代之後已經被總督府打壓殆盡。然而，農民這種爲爭取權益結合的理念也成爲戰後各地「農會」

組織的前身。

吃果子拜樹頭，思考「三農問題」

戰後，由於中國大陸國共內戰情勢的逆轉，大量軍公教及其眷屬隨中央政府遷居台灣，一時間台灣暴增將近四分之一的人口。爲了提供足夠的糧食，並且透過有限的農產品加工能力盡速賺取外匯，以供反攻大陸政策之所需，在今日我們看到燦爛的「經濟奇蹟」背後，其實有著「以農業培養工業」政策執行中榨取農村、農民利益來扶植工業、商業的陰影。在教科書堂皇寫著的農業綠色革命背後，雖創造出（一九六八年）每公頃年產六三七六公斤水稻的世界紀錄，但付出的是廣建水庫，過度使用化學肥料，殺蟲劑等破壞環境、危及食品安全的慘痛代價。

而且，在政策之下，農民們要繳交都市居民聽都沒聽過的各種沉重稅賦：田賦、水租、肥料換穀、隨賦徵購、水災捐、防衛捐、代徵新兵安家費等「萬萬稅」，農民需負擔的稅賦是離農者的四點五倍。甚至，保障農夫失能、退休後生活的農保都遲至五二〇農民運動的激烈對抗之後，才在一九八九年實施，比勞保（一九五〇年）、公保（一九五八年）足足晚了三、四十年。

在農村前景黯淡的情況下，農村青年被迫離家前往都市加入工商業，政府成功向農村提取資源和人力來挹注工商業的發展，代價卻由農村付出。至二〇〇二年台灣加入世界貿易組織前，農戶年家戶所得僅及非農戶78％。之後，在農運團體各項抗爭，以及二〇〇四年發行的《無米樂》紀錄片引起廣大迴響後，政府才基於糧食安全考量進行政策轉變。時至今日，其比率雖提升至87％（二〇一九年），仍舊低於離農者。曾經促成台灣經濟奇蹟的農業，在土地大量轉作工業區之後，農地流失，從農的低收入無法留住青年，農村只剩下老農，以至於大學裡的農學院必須改名，或加上「生物資源」等與高科技產生聯想的名詞才能吸引學生就讀。

無論科技如何發達，人類無法以工業製造的營養素維生，我們的吃食仍舊需要依賴土地生產出來的植物、動物。但隨著國民所得提高，台灣的農業生產不斷萎縮，目前的糧食自給率只有32％，但休耕面積居然高達全部農地面積的34．96％。農業萎縮之後並不是以進口食物取代卽可解決，而是與農業相互依存的生態會失衡，而與農村、農業文化依存的人文環境也將消失殆盡。討論食物議題，卻不理會食物來源的農業、農村、農民的三農問題是不可能的。要食得安心、食得富足，望向農村、望向底層是非常迫切的需要。

從貧窮到富足

貧困家庭的飲食通常傾向於低纖維、高碳水化合物、高脂肪的食物，因爲這類食物熱量最高，可以擁有立卽的飽足感。一個國家的飲食文化建構，往往是上層階級影響下層階級，但是，也有少數反向傳播，由底層勞動者的飲食成爲地方特色的範例。例如法國里昂的「bouchon」（源自紡織工machon一詞），這原是提供給絲織工人食宿的小餐館，如今卻成爲提供典型里昂家常菜的特色餐廳，除了保持傳統風格的裝潢，提供的菜色則是過往窮苦人食用的牛頭、內臟、血腸、碎魚肉丸等傳統菜色（當然是改良過的）。這種對傳統的自豪感讓里昂成爲法國的美食之都，在法國提到美食不能不到里昂，就像在美國提到車不能忽視底特律一樣。

原先在東南亞屬於錫礦坑中華工的肉骨茶，也有類似向上爬的歷程。十九世紀後期，大量華人被引入星馬各地，以契約勞工的形式在陰濕的礦坑中辛苦勞動，他們將原鄉漢人的食補文化帶來，融入在地的香料食材，揀選白種殖民者丟棄的豬肉內臟、油脂，搭配蔬菜，燉煮爲胡椒香氣濃郁的燉菜，一碗飯一鍋湯菜飽足了肚腹也溫暖了臟腑，足以抵禦地底工作的陰寒。現在，幾經改良，肉骨茶已經成爲當地最具知名度的特色餐點，還製成套裝香料包行銷世界各地。此外，原是美國南方棉花田黑人奴工吃食的炸雞以及烤豬肉三明治，則透過國際連鎖速食店行銷至全世界。

在台灣，這個從來沒有出現過宮廷皇家、王公貴族的移民社會中，哪些貧窮時代的吃食會上升成爲台灣在地的代表？有些人會說是具有鄉土野趣和在地獨特味道的「小吃」。相對於盛宴佳餚，小吃在使用食材和烹調方式及命名上更具有在地性，在用餐的時間、環境空間上不拘形式，正好凸顯出就地取材、簡單卻富變化、小而美等平民化的特色。

「台灣小吃」一詞遲至一九八〇年代才正式出現，但甫誕生之際就像著名的米其林指南一樣，是以旅遊觀光時的飲食選擇參考爲本的。此時期台灣人的娛樂文化支出隨經濟成長而大幅增加，在台灣各地旅遊時吃吃喝喝成爲時尚，各地也爭相標榜地方性特色，把特色小吃冠上地名，如新竹貢丸、彰化肉圓、美濃粄條……等等。

一開始，官方的版本還特別以這些台灣小吃都是中國飲食文化在台灣的傳承爲標榜，做爲中華民國對外宣傳的代表（例如《光華雜誌》的報導）。但隨著假日旅遊風潮更盛，經由眾多食客和飲食饕家的深入發掘，以及美食報導的普及化，台灣小吃已經愈走愈遠，更在地化的同時也更國際化。二〇〇〇年政黨輪替之後，在地小吃更被擺上國宴，隨著本土化意識增長、國際觀光產業發達，「台灣小吃」從貧苦勞動大眾的街頭食物，一躍成爲台灣飲食文化的代表。

從飢餓到「吃到飽」：更多食物是更富裕了嗎？

回顧過往，先民們在有限的土地資源中精耕細作，充分利用地力與生物能生產食物，運用智慧保存食材調製在地飲食的滋味。現在台灣早已經是已開發國家了，傳統上只要有肉就是「食腥臊」（**tshenn-tshau**，意指豐盛的一餐），在日常上就已經很容易滿足了。那麼，在飲食上，下一步應該追求的文化提升會指向何處呢？相較於服飾、居家生活，台灣人更重視吃，不但經常吃還要吃得多。當千禧年國民年平均所得來到兩萬美元以後，標榜「吃到飽」的餐廳開始風行，從素食自助餐到五星級大飯店，各種檔次餐廳都有這類設計，甚至流風所及，電信上網流量、小說漫畫出租店、網咖店等也都時興這類消費制。

在飲食文化上，從普遍貧窮走向富足，營養典範也隨之轉移。過去以攝取大量碳水化合物尋求飽足爲最重要需求，現在則認爲應包含蛋白質、碳水化合物、脂肪、維生素，以及多酚（來自蔬菜水果）等主要營養素的多元攝取和比例的均衡。但是，在農業科學的研究上卻發現，隨著工業化生產食物方式的普遍，現代人在食物種類的選擇上，以及食物內含有的營養素反而更少。這是許多老一輩人抱怨現在的菜都沒有菜味、肉類乾柴的原因。

一八四〇年，日耳曼化學家李比希（Justus von Liebig）發表化學在農業上的應用理論，指出使土壤肥沃的關鍵在於氮、磷、鉀三項化學元素（NPK）的含量上，這爲日後的農業工業，也就是現在稱呼的「慣行農法」鋪路。現今，所有的農業生產化學肥料上都看得見NPK這三個字母。施以肥料之後，確實能刺激農業生產量，但是，農地上施予合成氮肥後，反而會吸引更多昆蟲，使植物更容易遭受病蟲害，於是又必須要用殺蟲劑來除蟲以免農人的收穫損失。肥料、殺蟲劑長期交替使用下來，化學合成的化合物會摧毀土壤的繁殖力，當下的高收穫其實是預支未來的收成。二十世紀前期英國農學家霍華爵士（Sir Albert Howard）就提醒過：「人工肥料必定帶來人造養分、人造食品、人造動物，最後是人造人。」近百年前的預言如今一一驗證，除了人造人之外，現今的食品加工、基因改良科學全部可以做到。

當初爲了擺脫貧窮而展開的綠色革命有其時代背景，食品加工技術也有其長久歷史不都是壞事。但是，人類在取用自然資源時，也應該顧慮到地球整體的永續發展，而非竭澤而漁，地球的資源無法消受「吃到飽」式的放縱與浪費。在工業的侵吞之下，全世界的可耕面積和土壤正日漸減少，在人類仍需要依賴土地生產維生時，農田本身應該被當作活生生的生物而不是單純的生產機器。在豐衣足食的時代，在餐桌上苦惱要吃什麼時，那條起自農村，由農人結合土地，從產地到餐桌的漫長農業產銷鏈，應該是我們要同樣關注的議題。

延伸思考

一、何謂「醃漬」？試以鹽或糖爲例說明其保存食物過程中發生的化學反應？

二、試以一道常見的台灣小吃爲例，分析其食材來源、烹飪技法、營養成分，據此分析其形成的社會文化背景。

三、何謂「三農問題」？探索並思考做爲一個消費者，對於目前的相關問題可以採取哪些具體且實用的行動？

參考資料

吳音寧《江湖在哪裡？——台灣農業觀察》
高成鳶《從飢餓出發：華人飲食與文化》
顏蘭權、莊益增《無米樂》

兒時幸福的滋味——蜜番薯

◎黃文儀

日前才完成年度健檢，健檢前的忐忑揣想到報告出爐，所有的數字攤在眼前，就像總體國政報告書，該繼續保持的、要持續追蹤的、得檢討改善的，一目了然不容粉飾太平啊！這些發出嗶嗶警告的紅字，往往附帶的醫囑建議就是減少糖分的攝取，少吃甜食已成爲保健養生的不二法門。

然而，將甜食排除於飲食之外，捨棄了甜蜜歡愉的幸福滋味，還會是樂齡的美好生活嗎？適度適量的甜食所帶來的滿足感是百味人生的調味劑，只是現在以外食爲主的飲食方式，再加上各式甜品飲料，不知不覺就容易攝取過量的糖分。靠著精緻的甜點蜜糖來舒緩緊皺的眉頭與下垂的嘴角，似乎成了健康的慢性殺手！

其實甜品何其無辜，成了現代人飲食健康的代罪羔羊。在物質不豐的年代，甜食甘物的取得有限，是用以解饞的零嘴點心。少量有限的甜品，顯得珍貴奇巧，更懂得回味珍惜。當高中生的人文餐桌要以番薯爲主題時，上課的好搭檔惠貞許下了蜜番薯的願望，因爲這是她童年時外婆帶給她的美好滋味，糖漿裹著番薯的甜蜜與滿足是在匱乏的環境中鐫刻在記憶深處的幸福，所以當然要以蜜番薯爲課堂上的實作料理，複刻古早單純的美味！

春末夏初，貢寮石壁坑村的勇伯開始扦插、種番薯，九月開學不久，番薯已準備採收，這批台農66號番薯剛好成了產地到餐桌的好食材。先以照片呈現種番薯的過程，需要培土，增加土壤養分，也需要翻藤，讓養分集中到番薯上。雖然農作的辛苦不是短短三言兩語就能交代清楚的，但有圖爲證，至少可以了解番薯種在土裡的田園景象以及番薯是如何從土裡挖出來。

料理蜜番薯的做法很簡單，削皮切塊後就是糖漿熬煮。但江湖一點訣！蜜番薯是用「間歇性滾沸」的煮法，糖汁滾沸後就熄火，使糖漿慢慢「蜜」入番薯，重複間歇性滾沸直到番薯熟軟便大功告成。所以「蜜」字不只是形容詞，更是料理做法上活靈活現的動詞了！解說結束後，就是各組開始洗番薯、削皮、切塊，下鍋蜜煮後再由組員們輪流顧爐灶。

當糖漿和番薯的香氣逐漸融合漫溢時，同時進入文本的閱讀討論——焦桐〈蔬果歲時記．番薯〉。惠貞設計以下的問題讓閱讀可以更聚焦，激盪學生思考：

一、連橫在《台灣通史．農業志》提到番薯有那些食用方式？

二、根據文中所述，購買番薯時應該如何挑選？如何保存？

三、文章內容說「太平洋戰爭期間直到四、五〇年代，貧窮人家休想奢望吃到不加番薯籤的純白米飯」，產生此現象的原因為何？請從當時的國家政策角度加以分析。

四、番薯並非台灣的原生物種，台灣人卻對番薯帶著深刻的情感，甚至經常以番薯來比喻台灣、台灣人。請根據文章中內容，說明它何以具有這些象徵意義？

「番薯」，除了在爐灶上滾煮蜜漬，也在學生們的腦海中思考翻轉。番薯，可以視爲台灣先民的奮鬥史，也可以做爲分析從日治到戰後，國家政策對於人民生活的影響。

經過輪流顧爐的間歇煮沸，番薯已熟軟，在糖漿的包裹下顯得金黃亮澄。不過，今天完成的蜜番薯尚待完全冷卻後才可食用。冷卻後的蜜番薯，外層是蜜漬的Q潤，內層是番薯的鬆軟。用糖果紙包裝後便是精美的甜點零食。我先行製作一批，已冷藏了兩天，再煮上一鍋紅茶。課程最後就是一起品嘗茶食——蜜番薯佐紅茶，然後寫一首小詩。甜蜜蜜的番薯滋味也能詩情畫意，來自於食物與味蕾間的創作，值得好好品味留存！

單純的外表／包藏驚人的甜／甜而不膩／步驟單純／純樸的味道／家的感覺
淺嘗一口／冰涼上癮／包覆舌尖的甜／細細的品／品出歷史辛酸的苦

不只是洋溢著番薯蜜香的廚房，還瀰漫著歷史的緬懷、土地的情感與文學的發想，簡單的食材可以延伸出許多值得探討的議題。舌尖上的滋味，是生活中各項議題的滋味！高中生們喜孜孜帶著自己製作的蜜番薯離開教室，連剩下的糖漿都一併打包，看來古早味的蜜番薯也頗受高中生的青睞！

食譜

◆食材（4人份）

1 番薯600克
2 二號砂糖150克
3 麥芽糖100克
4 檸檬汁30克
5 水150克

◆步驟

1 番薯削皮切塊（長寬盡量在6公分與3公分間，太小塊容易化在糖漿中）。
2 將麥芽糖和砂糖溶於水中，煮滾。
3 倒入檸檬汁，避免番薯氧化變色也能平衡甜味。

4 放入番薯塊，間接性滾沸直到番薯熟軟。

5 放涼冷藏，口感滋味更佳。

汗水苦行的滋味——包飯糰

◎黃文儀

人至中年，不免偶爾會犯「白首宮女話當年」的陋習，尤其是看到兒女們不解營生辛勞、謀生不易的現實時，就更急於講古論今了。他們會在我暢所欲言「以前我們都是……」的「想當年」話題時，忙不迭地為我踩剎車：「你講的都是三十年前的事了，如果我們是生活在三十年前，也是過這樣的生活啊！」

是啊！「貧窮」與「富裕」是相對的價值，往往是歷經了經濟條件的改善與物質生活的提升時，才能有此感受。所以當長輩倚老賣老地數落著晚輩不知足、不珍惜時，是不自覺地落入了世代隔閡的迷思。因為生長在物質豐足、生活便利的新世代，對於相對貧窮的滋味當然無法感同身受。況且，「不知足」不該只能做爲道德瑕疵的譴責語，文明的進步不也是人類從不會就此滿足而一直推升進步的嗎？看來，若要想成爲合群識趣的長輩，就不能老提「想當年」了！

其實，想和青少年們重溫貧窮的滋味，並非是希望他們回到艱困度日的年代，而是去理解感受在拮据困乏的環境中，人們對於食物的珍惜與巧思，因爲貧窮反而激盪出歷經百般錘鍊的深味，然而這些貧窮的美味已經漸漸從家庭的餐桌上消失。現在跟高中生提到飯糰，他們大多直接想到的是便利商店的三角飯糰，更別說爲了遠足郊遊而在家包飯糰已成爲古早時代的故事了！其實「遠足」與「飯糰」是一組很契合的搭檔，需要靠腳力健行的年代，飯糰就是最方便攜帶與食用的隨身糧，洋溢著汗水與勞動的美味。

第二次的米食課程，就帶著高中生們一起來包飯糰，而且是傳統的台式「飯丸」。課前就先浸泡長糯米，上課時才能直接放進電鍋開始炊煮。課堂上讓學生先查粳米、秈米和糯米的不同，長糯米和圓糯米的米食製作上也有區別。所以飯糰做爲遠行的行動糧，為何會用黏度低、不容易軟爛且易於塑型的長糯米來製作就可以理解了。透過料理的實作與上網搜尋資料的輔助，原來米食的世界是洋洋大觀，日常主食、夜市小吃與節慶料理都不可或缺，甚至連西式蛋糕都有米蛋糕的研發了！

初步了解米食文化後，便讓學生看《無米樂》紀錄片約十五分鐘的精選片段。這部紀錄片，我已看過不下十次，每次看都有深深的感觸、感動及感傷。台南後壁是嘉南平原的米倉之一，但隨著農村的沒落、農業的衰頹與農人的凋謝，已成夕陽暮景。一輩子勤勤懇懇做田的老農不捨農地荒廢休耕，昆濱伯說：「不會因稻價便宜就不努力種稻。」片尾的末代稻農，崑濱嫂反諷為末代滅農，有著深刻的省思在其中。

隨著影片播放著，充滿淡淡芋香的的米香已隨縷縷炊煙飄散一室，但怎麼也夾帶著滄桑與酸楚呢？觀影結束，學生寫下回饋心得，這部紀錄片拍攝的時間是二〇〇四年，理解當時農民的心聲與困境，以及二〇〇二年台灣加入ＷＴＯ對於稻農當時面臨的衝擊，並且反思米食與個人的關聯。一日三餐吃到米食的餐點有那些？如果是慶祝或聚餐活動，會選擇以米食為主的餐點嗎？接著進一步分析如果台灣稻米沒有市場競爭力，所有稻田都休耕，食用進口稻米對於經濟與文化的影響爲何？這一連串的大哉問，是想引發學生對於米食更深刻的思考，餐桌即教室不言可喻啊！

最後就是同學們摩拳擦掌的包飯糰時間。這次用的蘿蔔乾得自好友璧娟的饋贈，來自她公公種的白蘿蔔，天然日曬所製，晶瑩的白玉以土地爲暖爐，陽光爲慢火，時間就是美味的催化劑。當白玉纖膚蛻變爲黃褐老皮，就是天然單純的菜脯味！與學生們分享這道地好物，也得到他們正向的回饋。學生切完蘿蔔碎，氣味撲鼻，兩個女孩興奮地說：「蘿蔔乾好香喔！」接著在炒蘿蔔乾、菜脯蛋時都是驚呼其迷人的香氣。

炊好的糯米飯倒進鋪上飯巾的木盆裡散去熱氣與水氣，餡料也準備就緒，以油炸豆皮再稍微烘烤取代不方便買到的老油條，學生品嘗後也很喜歡豆皮的口感和香氣。示範如何包飯糰時，告訴學生：完美的台式飯糰，就是米飯鋪整均勻，餡料包滿置中，呈長方形的米飯餡料，從兩側短邊向內包裹，輕輕地均勻按捏，讓米飯黏合，內餡不外露。

第一次嘗試包飯糰的高中生有些手忙腳亂，但也躍躍欲試，有的成功重現古早味飯糰的樣貌，有的包不成長橢圓形，乾脆揉捏成一顆大圓球但也自我安慰地說：「形狀有變，美味不變！」

食譜

◆食材（4人份）

1 長糯米2杯　2 蘿蔔乾100克　3 雞蛋2顆
4 肉鬆適量　5 炸豆皮30克（取代老油條）　6 青蔥末20克

◆調味料

1 鹽　2 糖　3 白胡椒粉

◆步驟

1 炊煮糯米飯，煮熟後倒在飯巾上散發水氣和熱氣。

2 蘿蔔乾切碎，炒蘿蔔乾，加少許糖及白胡椒粉。

3 雞蛋打散爲蛋液加少許鹽及胡椒粉，加入青蔥末，並取一半蘿蔔乾碎加入，煎成菜脯蛋。

4 豆皮放入烤箱，以150度烤出香氣後取出。

5 以保鮮膜或塑膠袋爲底，平鋪白飯，依序放上肉鬆、菜脯蛋、蘿蔔乾碎和炸豆皮，餡料盡量均勻置中，四周要留下白米飯的空間，拿起保鮮膜從兩側短邊處向中間包攏捏合，塑型爲長橢圓形。

遊子鄉愁的滋味——蚵仔煎

◎黃文儀

若要問海外遊子最懷念的家鄉料理是什麼？蚵仔煎絕對名列前茅。溯源蚵仔煎的身世起源，乃源於貧困環境而誕生流傳的常民美食。在中國閩粵沿海，居民生活不易，在糧食匱乏無法飽食的情況下，以番薯粉加水的粉漿加上容易取得的食材牡蠣，製作出有飽食感的粉煎料理，隨著閩粵移民墾居台灣，蚵仔煎也逐漸演變而成爲具有台灣風味的著名小吃。甚至民間還流傳當年鄭成功攻打荷蘭人時因爲糧餉不足，也是利用番薯粉粉漿煎裹蚵仔和豆芽菜來解決糧食匱乏的故事。原來現在海外遊子的鄉愁料理是先民們在枵腹飢餒的歲月時運用智慧就地取材的智慧料理。

童年時記得外婆聊起經濟拮据、捉襟見肘的年代，嘴饞難耐時總會用太白粉和白糖沖熱水，攪拌一碗甜甜稠稠的太白粉點心，那是她當時覺得最美味的點心。當時聽了眞覺得不可思議，這樣寒酸的食物怎會是讓外婆一再懷念的美味呢？貧窮，不但讓有限的飲食充滿各種巧思變化，對於美味的感受有著寬廣的接受度，這樣知足品味的飲食記憶並非各式豪奢料理所能比擬。

以番薯粉或太白粉爲食材的料理並不少見，然而有一道「兜番薯粉」是我結婚後才在婆家吃到的，這是婆家每年除夕夜必吃的吉祥年菜！番薯粉漿裡裹著香菇、蝦米、青蒜等各式角料，黏糊糊地煎成一大盤。過年時不乏大魚大肉，所以這道菜總是乏人問津，但按照規矩大家至少都要吃上一口，取其團圓富貴的象徵。後來在洪愛珠《老派少女購物路線》一書發現這道料理也是她家餐桌上的家族記憶。所以家鄉的風土與家族的餐桌就是鄉愁滋味的起點，延伸至天涯海角。

從鄉愁而起的主題就以餐桌上的異國與鄉愁——《餐桌上的家鄉》一書爲閱讀文本。書中記錄來自東南亞各國的外籍配偶，以家鄉料理，傳遞從家鄉到台灣的心路歷程。

這次閱讀的是來自菲律賓的Rose，她所懷念的Paklay，是父親的拿手料理。餐桌上的異國風味，也是鄉愁的滋味。各國料理都具有當地的風土，菲律賓料理的酸味常取用羅望果，形成獨特的風味。所以即使料理要引出酸味，但各地不同的酸性食材就會演繹出迥異的菜式符碼。討論至此，暫時先跳出餐桌上的料理，引導學生思索關於台灣社會接納新住民的議題探討：

一、先讓學生查內政部法規，新住民要取得台灣國籍具有那些規定？他們才了解原來取得國籍並不是一件容易的事情。

二、接著去思考這些法規的用意爲何？是否合理？讓他們試圖站在新住民的角度，理解做爲移民異鄉的遊子所要面臨的挑戰。學生們大部分可以認同新住民要取得該國國籍，必須要透過參加課程或進修來建立歸屬感，但白紙黑字的規定只是官方認定的結果，眞正的歸屬感應該建立在相互的尊重與包容。

請高中生們分享，若將來他們必須長期定居在台灣以外的地方，屬於他們自己的鄉愁料理是哪一道呢？滷肉飯、臭豆腐、鹹酥雞都是能引發共鳴的口袋名單，也有屬於「阿媽的炕肉飯」、「爸爸的維力肉醬麵」這種私房名單。

人文廚房的現場再拉回實作時間，因爲蚵仔受限於季節與產地，所以今天以蝦仁取代，每位學生都要煎出一份蝦仁煎，這幾乎是大家的初體驗啊！傳授他們堆疊食材的煎法，可以蓋鍋蓋，利用水氣循環，加速軟熟食材的要訣。然後指導他們如何利用鍋鏟快狠準地順利將蝦仁煎翻面而不至於支離破碎。當他們都可以順利煎出像夜市一樣的人氣小吃時，對於個人的料理技術將更具信心！

我也示範這道兜番薯粉的年菜料理和學生分享，每個人都要吃上一口，雖然外觀不討喜，但滋味濃馥。還有學生品嘗後說是「濃縮版的佛跳牆」！也的確，香菇、蝦米和芋頭炒得香酥，都裹進稠密的番薯芡粉裡。當然裹進的不只是食材的美味，還有先民的智慧。

食譜

◆食材（2人份）

1 蝦仁200克
2 雞蛋2顆
3 小白菜適量
4 綠豆芽適量
5 粉漿水（地瓜粉或樹薯粉：水＝1：3）

◆沾醬醬汁

1 味噌
2 番茄醬
3 醬油膏
4 甜辣醬
5 二號砂糖

※依照1：2：2：2：1比例混合均勻煮滾放涼，可以加上適量的太白粉水增添濃稠度。

◆步驟

1 熬煮醬汁。
2 調製粉漿水。

3 在平底鍋中依序放入蝦仁，蝦仁變色後放入青菜，蓋上鍋蓋加速水氣蒸煮食材。

4 打開鍋蓋，淋上粉漿水蓋住食材，打入雞蛋在粉漿上。

5 等粉漿和蛋開始凝固，翻面煎至雞蛋完全凝固即可盛起，淋醬汁。

飄洋過海的滋味——沙嗲肉串

◎黃文儀

醃漬，是先民的飲食智慧。在沒有冷藏冷凍設備的時代，透過各式調味料與食材的混合醃漬來保存食物以延長食用期限。各個地區的醃漬手法就像魔法幻術，藉由不同的調味與時間的醞釀而幻化出各種美食滋味。例如日本的納豆與漬菜搭配米飯，是他們家庭餐桌的日常。大啖韓式烤肉時，若不佐上泛著亮紅油光的「辛奇」（韓式泡菜）就覺得不過癮！烤得香酥油潤的德國豬腳若不來上幾口德式酸菜，就無法清口解膩。

在台灣，早期農村的生活飲食也留下不少醃漬食物的滋味，如醃蘿蔔、醬冬瓜、珠螺膎、鹽漬蝦蛄……，原住民亦有以鹽巴和米酒等調味料加上以米飯爲發酵媒介來醃漬生肉。這些都是利用醃漬來保存食物，並且因爲醃漬食物的重口味，可以不用消耗太多食材。鹿港俗諺有云：「一隻蝦蛄三碗糜。」便可知道在物質淸貧的時代，醃漬食物的確是人們惜食省物的智慧結晶。但是隨著健康觀念的改變，醃漬食物被冠上不健康的罪名，醃漬成了威脅健康的殺手，人人聞之色變。

其實現在提到醃漬食物，無意與健康的飲食觀念背道而馳，而是從醃漬食物了解飲食的文化與遷移，尤其在歷史的脈絡中，它正代表著離鄉背井的族群如何飄洋過海到各地落地生根，甚至是像蒲公英般遠颺的食物史。

這次高中生的人文廚房，就是試圖從沙嗲到沙茶來看食物的遷移與轉變，好搭檔惠貞和我分享交流《沙茶：戰後潮汕移民與臺灣飲食變遷》一書，提供了不少指引。早年閩粵人士到南洋工作、經商，便將南洋料理——沙嗲，使用各式在地香料食材的調味方式帶回家鄉，再用潮汕一帶本來就有以魚鮮乾貨醃漬的魚露與中藥藥材加以變化，經過長時間的流傳改造下就成了風靡台灣的調味醬——沙茶。沙茶火鍋、各式沙茶的快炒料理成爲台式料理的代表之一，食物歷經遷移與改造，似乎也可以成爲以移民社會爲主的台灣，其歷史發展的縮影。

藉由觀賞影片〈台灣鼓仔燈——飄洋過海的台灣味沙茶〉（https://reurl.cc/3x2WkV，注1），讓學生了解沙茶如何出現在台灣的歷史，並讓他們去思索：如果沙茶這種外來食物也代表台灣味，那麼台灣味該如何定義呢？這樣的提問就是從餐桌上的料理，引發高中生對飲食文化的思考。吃，眞的不只是祭五臟廟的美食饗宴，也可以是移民文化的歷史。看到學生的回答：「沙茶在台灣已經演變爲在地的味道，和當時南洋的沙嗲或潮汕沿海的沙茶有所不同，所以當然可以代表台灣味。」從沙茶料裡的飲食文化可以看出台灣社會的多元文化的面貌。

這次的實作料理沙嗲肉串，頗具挑戰性，前置作業不少！光是準備製作沙嗲醬的食材：香茅、南薑、香菜籽就要去專賣南洋食材的雜貨店採買，林林總總的香料和配料，起碼就要十種。這些異國風味的香料全部攪拌之後，味道香濃迷人，上課前一天先幫學生醃肉，才能入味，上課前也先煮好椰漿飯。上課時，學生串好肉串準備送進烤箱，接著做涼拌菜。我特別帶來石臼，讓學生搗碎準備做肉串沾醬的辛香料。藉

注1

由實際操作石臼，剛好可以理解國文課會學到的詞彙——齏臼（《世說新語》：「黃絹幼婦，外孫齏臼。」）「齏臼」一詞不再是深奧難懂的詞語，而是呈現在高中生的人文廚房裡，具體理解的用語。因為「齏」，就是大蒜、辣椒、薑這些辛辣香料的細末，「臼」，就是以石頭等硬物來搗碎食材的容器。因此「齏臼」做為接受辛辣物的隱語，「受辛」乃「辭」字。學生們都是第一次用石臼搗碎香料食材，從料理學中文語詞的奧妙，應該印象深刻吧！

涼拌的配菜以鹽、糖和檸檬汁淺漬，算是符合健康飲食的醃漬料理，沙嗲肉串在烤箱中飄出誘人的香氣，沾醬醬汁也煮得香濃，大家開始盛裝濃濃南洋風的便當，每一組的便當秀都令人食指大動！沙嗲午餐便當在色香味上都有特色，所以最後的文字創作以五感（視覺、聽覺、嗅覺、味覺和心覺）的描述來形容這道沙嗲肉串料理。在實境的廚房裡透過實作與感知，學生的五感體驗都甦醒了，描述得生動鮮活！

食譜

◆食材A：肉串

1 雞里肌肉　2 豬里肌肉　3 竹籤

◆食材B：醃肉醬料

1 南薑　2 香茅　3 香菜籽

4 薑黃粉　5 咖哩粉　6 辣椒醬

7 醬油　8 砂糖　9 檸檬　10 椰奶

◆食材C：沾醬

1 花生醬　2 洋蔥　3 香菜籽　4 南薑

5 香茅　6 紅辣椒　7 咖哩粉　8 椰糖

9 椰奶　10 魚露　11 食用油

※醬料食材不易取得時，可以直接用沙嗲調味醬料包取代。

◆食材Ｄ：涼拌配菜

1 小黃瓜 **2** 紅椒 **3** 鹽 **4** 糖 **5** 檸檬汁

◆食材Ｅ：椰漿飯

1 泰國茉莉香米 **2** 椰漿 **3** 香蘭葉

◆步驟

1 前一天先用醃肉醬料醃肉，冷藏一晚。

2 煮椰漿飯（可以用泰國茉莉香米，煮飯的一半水量換成椰漿，煮米時最上層可以放香蘭葉）。

3 肉串放進已預熱２００度的烤箱烤15分鐘。

4 涼拌配菜（鹽、糖、檸檬汁的比例１：1.5：1.5）。

5 搗碎沾醬的香料食材，煮滾放涼。

第四章

新世代的滋味

黃文儀、黃惠貞老師的課前對話

貞：第一次開課就是因爲看到學生早餐是葡萄乾甜麵包加冰奶茶，中午叫披薩外送，晚上吃加熱滷味。很吃驚耶！這樣一點兒也不「台灣人」，而且營養失衡，好可怕啊！

儀：是啊！現代學生外食真的很普遍，而且外食的選擇也常是固定的那幾種：便利商店食物、便當、滷味、炸物和手搖飲。

貞：既然爸媽忙於工作，家中沒有「煮婦」，那就教學生自己做啊！吃飯是最自我的事了，可以完全由自己來做，自己照顧自己！

儀：可以翻轉他們的觀念——想吃，不只是到商店買，也可以自己做。他們喜歡的食物大多也西化了：蛋糕、麵包和餅乾……

貞：外食爲了便利、價格等考量因素，通常是碳水化合物多、油炸烹飪方式多，就算不計較添加物、食材的好壞，其實也是營養不均衡的。

儀：因爲家中廚房的功能漸漸式微，所以年輕世代的飲食口味就交給飲食商家來決定，這的確是隱憂。

貞：人是雜食動物，需要多元的營養素，社會工業化後，吃的東西看似變多，其實營養素的質和量都是在下降的。從小被餵養出來的胃口，到成年後就定型了！

儀：就商業運作模式，就是要好吃（口味重？）又便宜，套句流行用語就是ＣＰ值高。但營養與健康就被忽略了。所以把學生帶進廚房，親自手做兼顧營養和美味的料理，顚覆他們對飲食既有的想法，並且調整以外食爲主的生活方式。

貞：讓他們知道一份餐食是怎麼來的，去思考自身和食物的關係。吃什麼像什麼！

儀：不過，我也從當時還是高中生的女兒那裡學到：低ＧＩ飲食。年輕世代的想法比起中老年人更很容易轉變，只要是他們接受的新知，更容易落實執行。

貞：眞的！關於吃，除了便利之外，還有認同和責任。

儀：像現在還滿流行的「夏威夷飯」，其實就是五色蔬食爲主的多樣食材，也是女兒告訴我的。常在台大附近的溫州街走動，發現蔬食餐廳和健康餐盒店多了不少。

貞：反省飲食及其背後的文化和環境的關係，近年很流行，也建構自身對身體的想像。

儀：所以，改變就從年輕的世代開始。

貞：健康吃食蔚爲新風潮就是一種轉換，有希望的轉換！

新世代的滋味

◎黃惠貞

台灣是移民社會，不同時代各方人們移居於此，也帶進各族群的飲食文化。不論是早期移入的漢人、日本人或戰後新加入的各種「外省人」，餐桌上都保有著東亞地區慣行的「吃飯配菜」形式，以米糧爲主食。這種情況到經濟發展轉向國際化的一九八〇年代以後不變。一九八四年隨台美食米、穀物貿易協定的開放措施，西式速食連鎖店麥當勞登陸台灣，緊接著，台灣經濟發展的國際化，東西方各國菜系、有機健康、養生飲食風潮躍上喜好嘗鮮的台灣人餐桌。

成長於此潮流下的新世代，在食材喜好上，更喜歡烘焙的麵食、肉食、海鮮。在用餐方式上，喜歡使用簡易的叉或匙而非傳統的筷子，甚或是單手抓取就可食用的更好。在飲食品味上，偏好能夠結合吃與喝、不須烹飪或簡單加熱的即食餐點，更好的是一個價錢吃到飽（all you can eat），一次嘗盡各國特色食材。被問到台灣特色的飲食文化時，學生常打趣地說：「台灣有三寶，勞保、健保、199吃到飽。」這些因富裕充足而產生的飲食文化都迥異於前幾世代慣習的。

古人說：「富三代而後懂吃穿。」戰後至今富裕的第三代確實懂吃、能吃。新世代喜歡在社群媒體上展示吃喝生活，在充斥飲食報導、電視烹飪節目的媒體環境中長大。與此同時，隨著全世界對工業化飲食制度的反省，營養轉型的知識在台灣也日漸盛行，千禧世代也是在在學期間營養午餐就採用有機蔬菜、學校裡鼓吹每週一次蔬食、講究低脂健身風潮中成長的一代。要結構性地理解我們刻正身處的飲食潮流，就必須先爬梳這些現況的來歷，然後，也才能夠展望未來可能的走向。

因「美援」而養成的麵食習慣——成為麵食人

清治至戰後初期，台灣地區多數農家都還有一年稻麥兩作的習慣，米是主食，小麥製成的麵則是特殊時節的儀式食物。五月初新麥收成製成麵線（條），以季節果蔬搭配海產蝦米（皮）料理成「蒲仔麵」，保留閩粵先民夏至「嘗新」祭祖的食俗，或者做爲祝壽的豬腳麵線、婚喪喜慶時的滷麵（大麵）。費工的麵食總是意味著特殊歲時節慶和生命儀式。

二戰結束後，短時間內約莫兩百萬軍、公、教各省人士隨中央政府移入台灣。然而，土地面積無法增加，政府除力倡綠色革命以增加單位面積土地生產量之外，還得依賴自一九五〇年開始的「美援」。在當時美國圍堵共產主義擴張的政策之下，台灣成爲美國西太平洋的反共盟友，美國以實（食）物援助台灣來應付突然暴增的糧食需求，而美國送來的小麥麵粉、大豆、玉米，促使麵食普及化並徹底改變本地的飲食文化，成爲今日我們熟習的樣貌。

美援無償贈與的麵粉，成爲主要職業爲軍公教的外省族群的薪資配給，長於麵食的北方各省移民在眷村裡製作饅頭、包子、大餅、麵條做爲日常主食。之後，政府在台徵兵，軍隊中以麵食爲主的飲食口味，也隨著兵員退役帶回家庭餐桌而在社會中普及。另外，一九六四年在美援支持下開辦的的學校學童營養午餐計畫，也是以麵食爲主，等於是從小培養習慣麵食的口味。而中國北方麵食台灣在地化的同時，麵粉也有「洋派」的食用法。

台灣人吃麵包可以追溯到日治時期，現在被視爲「台灣傳統」的紅豆麵包、克林姆麵包，其實是明治維新以後發展出來的和式洋食。日治時期，許多台灣青年赴日留學，把這些在東京「珈琲」館吃到的食物帶回台灣來，但這仍是上層階級的品味。麵包的流行，甚至成爲一餐的主食是在戰後受到美國影響。一九六〇年代在「反攻復國」的政策下，稻米被視爲外銷賺取外匯主力時，在政府鼓勵「多吃麵，少吃米」政策下，官方還成立「麵食推廣委員會」，並和美國小麥協會合作設立「烘焙技術訓練班」開設製作麵包、西點的補習課程，以利增加麵粉的利用度和食用量。

今日被稱爲「台式馬卡龍」的「小西點」（台語稱爲「牛粒」，據稱源自法文的Cuillère），正是在那美援時代培養的烘焙師傅一代代推廣出來的。在政府的推廣下，「西式」麵包店在街頭巷尾如雨後春筍般出現，也有一些是由傳統漢餅店增加新品項或轉型而成。另外，一九七〇年代後期美軍撤出台灣以後，原來在美軍俱樂部工作的台籍人士出來自行開業，把俱樂部中美軍習慣的西式飲料、以麵包爲主食的菜單與西式簡餐或早餐店的形式開業，更進一步把麵包做爲主食的習慣傳布開來。

隨著一九八〇年代工業化腳步，因應通勤工作者增多，不但外食普遍，來不及自行製作早餐的生活模式，也使得專業早餐店更加普及甚且連鎖化。麵包、三明治等適合包裝攜帶的食用方式，以及方便利用冷凍食品的半成品，加以快速組裝的餐食就在適應繁忙的城市生活而流行起來。

可以說，現今四十歲以下的世代，是伴隨著名爲「美X美」的早餐店成長的，甚至有流行歌手創作歌曲歌頌這類「最熟悉的」「永遠在這裡歡迎光臨你」「好多好多早餐」的晨間美味。有趣的是，在八〇年代被標榜爲「美式」的早餐店，隨著其供應的三明治、漢堡不斷加入台灣人喜愛的在地食材，原先麵包裡不會出現的肉鬆、煎蛋、豬肉排也被加入，漸漸衍生出種類繁多且具有在地風格的早餐文化。對新世代而言，這樣的早餐店是具有懷舊風格的「台式傳統」，而完全忘記它曾經的美國身世了。

另一項戰後台灣自行發展出來的麵點，則是被外國人稱為「台灣牛肉麵」的「四川牛肉麵」。這種以豆瓣醬調味製作的類似四川麻辣燙湯頭，加入中藥滷煮過的牛肉塊和白麵條的一碗主食，在二〇〇五年被台北市政府挑選為發揚台灣飲食文化特色的主角，並籌辦了第一屆台北國際牛肉麵節，一直延續到二〇一一年，甚至將牛肉麵的英譯由易產生誤解的「beef noodle」，直譯為「new row mian」來彰顯它的本土身世。

無論其身世起源是否眞是歷史學家逯耀東先生所說的高雄岡山眷村，還是飲食文化學者陳玉箴所說的由「個體記憶轉變為社會記憶」的誤解，現今這款仿擬四川烹調手法的辣醬湯頭、以美國進口麵粉製成麵條、用澳洲進口牛肉滷製肉塊的牛肉麵，已然是道地的台灣特色。

總結來說，今日台灣人普遍習慣的麵食，其實是冷戰時期美國勢力下「麵食推廣運動」的成果。對新世代而言，烘焙的麵（麵包、蛋糕）可能比蒸煮的麵（饅頭、麵條）更受歡迎，而且認定麵食是美食「傳統」並無疑問。根據農糧署的統計，台灣人每人每年稻米食用量從一九八一年的九十九公斤下降爲二〇一八年的四十五點六公斤。與此同時，台灣本地不產的小麥食用量則上升爲三十八公斤，我們已經是米麵並食的社會了。新世代們早上吃麵包，中午吃學校合作社賣的牛肉麵，晚餐與家人吃外送披薩。一日餐飲麵點才是主食，趨勢持續下去，台灣人遲早將不再是米食民族。

糧食依賴下的飲食品味改變——成為玉米大豆人

戰後美國援助帶來的飲食文化，改變的不僅只有麵食的普遍化，肉食品種以及食用油品項的改變，更是深入飲食生活的紋理而難以察覺。在美援的主導下，專責執行美援的農復會曾在一九六二年進行國人飲食營養調查，得出「台人已經吃飽，但吃得不夠好」的結論。該調查發現，台人每日攝取的熱量雖然達到美國營養學家設定的標準，但是飲食中多以碳水化合物為主，礦物質、維生素、蛋白質不足，尤其是動物性蛋白質嚴重不足。因此，當卽訂下「少食米，多食肉類、蔬果」的營養推廣政策。在農業政策上，則準備推廣經營經濟作物，大力發展畜牧業，以增加動物性蛋白質之供給。

在此政策脈絡下，現代化大型養豬、養雞場被鼓勵設立，國人的飲食習慣也漸漸改變成為今日更看重肉食的習慣。根據農糧署的統計，二〇二〇年台灣人均肉品消費額是每年八十四點八公斤，比主食的米加麵消耗量的八十二點四公斤還要多。「吃飯配菜」的飲食傳統已成過往。

美援時期的大宗物資除了麵粉（後來是小麥）之外，還有美國大面積種植的大豆和玉米。大豆主要生長在溫帶地區，早期台灣農家僅在農閒時期有少量種植。日治時期，因為發現大豆榨油之後剩下的豆渣含有豐富的蛋白質，將之製成豆餅用於養豬的飼料有助於迅速育肥。在日本扶植的滿洲國政府獎勵下，南滿鐵道株式會社大力在中國東北發展大豆加工業，並將大豆、豆餅進口至台灣，既可以供做民食，也用做現代化養豬場的飼料。

一九四九年以後，來自中國東北之豆餅、大豆原料斷絕，在台灣大量種植大豆也並不適合，一九五〇年以後正好有美國援助的大豆可以採用。最初，大豆是爲了補充軍人飲食中蛋白質的不足，以增強國軍的體力之用。後來，在政府進口替代的經濟思維下，大豆除了用做民食之外，糧食局將80％的大豆委託民間工廠用來製造食用油，再將剩餘之殘渣製成豆餅由農會配送給農民養豬。但在推廣動物性蛋白質且鼓勵設立現代化肉品養殖場的政策下，很快就面臨大豆數量不足養殖飼料所需的問題。

一九六〇到一九七〇年代，台灣的現代化養豬業蓬勃發展，飼料廠也大幅增加。此時美援已經結束，但是美國政府對於國內生產過剩的玉米等大宗雜糧穀類，仍有補貼政策，直接進口玉米或其飼料型製品遠比自行生產划算，政府乾脆直接開放民間自由進口。自一九六〇年到一九七七年，玉米進口量以數十倍成長，進口玉米已經取代大豆成爲動物飼育場的主要飼料。自此，現代化養殖場從飼料換肉率來思考成本，豬和雞的品種也從需要較長時間育肥的黑毛豬、放山雞，轉變爲可以縮短上市時間的白豬和肉雞。

日後，隨著食品科技的發展，原來的榨油廠、飼料廠擴張成食品公司，鑽研從原料到食品、飼料的一條龍產業鏈。大豆可以榨成食用油、做成植物蛋白質原料，加工後成爲動物飼料或人類食用的各種食品。玉米加工後，除了可以分離出蛋白質和澱粉，還能產出醣類，形成一個體系龐大、足以供給各類工業所需的原物料家族。

玉米除了蛋白質部分用做肉品養殖飼料所需，澱粉部分可以做爲可食用的食品添加劑（例如所謂的「奶精」）之外，還可以當做工業用的黏著劑、塗料、塑形材料。與日常飲食關係更大的玉米澱粉加酵素水解後產生的高果糖糖漿（簡稱FHCS）比蔗糖更爲便宜，但經過調和之後可以跟蔗糖一樣甜。

經過美援的指導之後，台灣從大豆、玉米的受援助國成爲消費者。台灣的農業體系也自一九七〇年代開始產生結構性轉變，專業養豬（雞）戶增加，本土雜糧作物直線下滑，玉米（數量高於大豆）、大豆進口則直線上升。至二〇一〇年以後，台灣的穀物糧食進口量已經是自產的五倍以上，而糧食自給率卻愈來愈低，因爲飲食習慣已經徹底被改變。

時至今日，大豆製成的沙拉油、玉米飼料養殖出來的肉雞，玉米加工品產出的澱粉修飾品、高果醣糖漿、奶精，綜合起來就成爲富裕環境中成長的新世代超大炸雞排加珍珠奶茶的豪華下午茶。玉米、大豆做爲肉品動物飼料和各種食品加工原料大量滲透入各種食材之中，習慣於外食和喜愛肉食的新世代其實是不折不扣的「玉米─大豆」人呢！

海鮮當道與海洋輓歌──做為透支環境成本的海鮮愛好者

從食物取得的成本來看，生產一公斤肉大約需要十公斤穀物；一公斤的養殖魚要消耗七公斤海洋中的野生魚，肉食比蔬食要更加昂貴，自古以來各文明都出現過貴族吃肉、平民吃菜的飲食文化。而海鮮又是肉食中最高級的，不只是因爲地理條件的限制，更因爲冷藏和運輸設備的限制，將海鮮做爲日常主要食材在各文明中都是很晚近的事。

卽使是四面環海的台灣，早期台灣人的餐桌上，鹹魚、醬菜才是日常風景。卽使是鹹魚，也只有西南部地區有漁場又有可供醃漬的鹽田，才有在地生產的可食用，北部地區缺乏此二條件，卽使是鹹魚都需要仰賴進口。淸代開港以後，做爲北部重要河港的大稻埕就出現來自各國的乾貨魚鮮、海產罐頭，進口貨價格不斐，吃海鮮當然也就是一種炫富行爲了。

一直要到一九七〇年代家戶冷藏設備開始普及化以後，台灣人的餐桌才經常出現海鮮。但是，台灣人食用海鮮的「能力」隨著經濟富裕和國際化的趨勢起飛，後來居上且急起直追。根據聯合國糧農組織統計，至二〇一六年台灣人愛吃海鮮的程度已經躍居世界排名第四，每人每年平均食用海產三十四公斤，其中最受消費者青睞的第一名是蝦，第二名是魚，特別是顏色亮麗的鮭魚。這些漁獲多數進口而來，而且數量年年大增，因爲本土的近海漁業早已經瀕臨枯竭，傳統上誇稱吃魚品味的俗語：「一午、二鯧、三鮸、四嘉鱲」，要不是被同科的其他魚種取代，就是已經在近海罕見蹤跡。因此，爲尋找新的海洋食物，飲食工業化的操作模式也就從陸地延伸到海洋。

被海洋包圍的台灣，近海處就有黑潮和親潮交會，是天然的漁場。早期漢人從中國大陸沿海移居台灣的一大動力，便是冬季捕烏魚的漁業所促成的。但是，台灣近海漁業的產量在一九八〇年代達到高峰之後，便因近海的汙染和過度捕撈而使產量迅速陡降，近年來更僅有高峰時期的四成不到。根據中研院團隊的調查顯示，近海常見魚種近十五年來已經從一百四十二種銳減爲三十七種，不但使近海漁民生計困難，也造成海洋生物永續發展和多樣性的極大危機。

千禧年以後，近海捕撈業已經無法滿足台灣人富裕餐桌上的海鮮需求，於是只能轉向養殖業。台灣曾經是養蝦王國，年產逾十萬公噸的養殖蝦，但是密集式的養殖使蝦體容易染病（白點症病毒、紅尾病），常導致整座蝦場集體死亡。某些學者說，若不在蝦池中添加化學藥劑，在擁擠的人工養殖池中蝦子絕對活不過一季。而這種過度施藥的蝦池土地很快就無法使用，在建立事前預防染病的養蝦體系被採用之前，在台自行養殖之利益自不如對外貿易購買。

因此，現今市場上常見的進口蝦（通稱南美白蝦的品種）多來自環境保護規範相對較寬鬆的發展中國家。養殖蝦場多位於河、海交接處，而這也是天然紅樹林生長的地方，許多開發中國家爲了經濟利益，夷平紅樹林來開發養蝦場，紅樹林內豐富的生態，以及依賴此生態維生的原住民則遭到大型養殖集團要求遷徙的壓迫。據統計，全世界消失的紅樹林38％和養蝦場的開闢有關。另外，養殖蝦苗有時需仰賴從自然界捕撈，而其正確捕撈率只有一百六十分之一，那意味著人類不吃的物種在幼生時期就被殺害了。再者，養蝦的飼料來源強烈依賴野生魚種，每生產一公斤的養殖蝦肉就必須用掉兩公斤的野生魚，也就是養殖漁業還是需要遠洋漁業的支援。但是。我們的海鮮品味卻不是直接食用捕來的各色魚種。

在吃魚這事上面，新世代的台灣人也很挑嘴。吃慣工業化食物的人們，已經不擅長食用有頭有尾有魚刺的全魚（因爲不會用筷子？），在烹飪和食用的便利性，大型魚類輪切的魚片、魚塊更符合需求。近年來，台灣進口水產的最大宗是養殖鮭魚（一年近三點五萬噸，價值七十億台幣），且多數以生魚片方式供應市場。鮭魚相較於其他多屬灰白色的海魚，橘紅色的顏色更爲討喜，而且口感滑潤，並富含油脂，無骨無刺的切片特別受到年輕人歡迎。

二〇二一年初，某日式壽司餐廳舉辦「與鮭魚同名」可免費用餐促銷的活動，還因此引發年輕族群拿出身分證改名，以便享用美食的「鮭魚之亂」。德國的益智節目還曾以此事件出題打趣，引發外國民眾們不可思議的驚嘆。做為養殖漁業，鮭魚養殖和養蝦場有一樣的問題，密集度大就少不了抑制疾病的抗生素和殺蟲劑的使用。而且，鮭魚是洄游性魚種，終其一生都巡遊在河流海洋間，爲適應養殖場的定網養殖方式，就需要透過人工育種選出特定品種以適應特定的養殖配方。

現今，市面上最常見的品種是選自大西洋鮭魚育種改良出來的，並且以育種公司的創辦人命名。而一旦有相當數量的養殖鮭魚逃脫，自然界中所剩不多的野生鮭魚也將會受到生存競爭的衝擊。另外，鮭魚是肉食性魚類，需要吃下兩磅摻雜禽肉（不是鮭魚的飲食天性）和魚粉的飼料才能增加一磅體重，換肉率更低。

於是，綜合來看，蝦子富含麩胺酸、甘胺酸，正是鮮味的主要成分，鮭魚有精緻的蛋白質、優質的油質，鮮美可口而廣受大眾喜愛，非常符合現今重視優質蛋白質、強調攝取多元不飽和脂肪酸（DHA/EPA）的營養觀念。但是，當我們在吃到飽海鮮餐廳大啖美味鮮蝦、鮭魚生魚片時，卻很少想到全球漁業的現況是抓各種野生小魚來餵養人工篩選出來的特定漁獲。就地球資源來說，就是蛋白質的淨額因爲富裕世代的挑食而減少了，而養殖漁業背後所有的環境成本則標記在個人的餐飲帳單之外，將由下一個世代付款。

對飲食工業化之反思與新世代的回應

上述飲食現況的困境，不單純只是台灣的問題。工業革命之後，人類創造出一個用以操縱自然生態的「技術圈」，以人定勝天的觀念從「生物圈」（生態系統的演化與生物多樣性）中攫取人類所需、所欲的生活資源。而隨著技術發展，這個「技術圈」愈發侵害「生物圈」，不但持續而且快速。在講究效率的經濟作物農業和養殖漁業發展之下，自然的森林毀壞、土壤流失、海洋生態崩潰，而且還因爲社會財富增加但嚴重的分配不均，以及因富裕而造成的挑食，而產生各種的食物浪費。每年扔掉的食物相當於世界糧食總產量的三分之一，許多甚至在產地、餐廳、家庭廚房裡就遭丟棄，來不及被烹煮上桌，但同時卻有數億人還在挨餓。

這樣的揮霍建立在全球化的農產運銷之中，富裕國家不需要自行操作農業，而可以用進口來使飲食不虞匱乏。二〇一〇年以後，台灣的穀物糧食進口量是自產的五倍以上，糧食自給率始終徘徊於三成多的水準，台灣的土地利用和生態環境也因此大大改變。農業、農地、農村大幅萎縮後，農業維護在地生物、生態環境、國土保全的功能也一並喪失，這樣發展下去眞的沒有關係嗎？

除了自然環境的改變之外，人們自身的飲食生活也被這套體系改變。餐飲的內容、方式、時間、地點、觀念等方面也有巨大的變化。過去從容的用餐時間，被資本主義的「時間就是金錢」觀念催逼，可以提供高熱量，且方便單手（以隔熱紙袋）握住食用的油炸食物盛行，人們在上工前匆促把高熱量的早餐狼吞虎嚥，午休時間短暫到只能進食簡單食物，能夠正式而完整享用的餐食只剩下晚餐了，而這可能還只是經濟條件不錯、且有人力代勞烹飪工作階層的特權。

當人們不再在家烹飪，幾代以後家庭烹飪知識也將失傳殆盡。而外賣、外送的食物雖然便利，但是食物從產地到餐桌的距離也就愈來愈遙遠。古人說「沒吃過豬肉，也看過豬走路」，已經是不可思議的「成語」，新世代吃過一片片的炸豬排，看過豬隻本尊的可真是少之又少。我們看似吃得更多、選擇更多，但是從飲食吸收的營養素，包含知識的和生理的卻是更少，人們與吃進身體裡的食物的距離非常遙遠。這套體系當然不是新世代創造出來的，但是現況的發展結果卻一定會由他們來承擔。

在歐美，一九六〇年代後期隨著嬉皮運動的發展，許多社會運動者注意到工業化飲食體系對人的身體和自然環境帶來的危害，因而逐漸發展出一套結合無化學農業、反資本主義食物合作社模式，以及反精緻烹調的「有機運動」。這套思想強調當消費者願意與廚師、農夫合作，便可以產生一條對抗全球工業化體制的食物鏈，讓個人吃得更好，而且地球環境也可以改善。他們從工業化以前的傳統飲食文化中尋找解方，強調高纖、高鈣、抗氧化，完全符合現代營養觀點的「地中海型飲食」被大力提倡。

這套深植在西班牙、義大利南部、希臘的飲食文化，以大量橄欖油、豆類、天然穀物、蔬果，搭配魚肉、乳製品、紅酒，以及少量肉製品的飲食方式，在一九九〇年代首次被公衛和流行病學者注意到有助於降低心血管疾病，也能抑制身體的發炎反應和降低高血壓的發生機率，二〇一三年還被聯合國教科文組織收錄為人類非物質文化遺產加以保護。台灣人則是從飲食報導、烹飪節目中得到相關訊息，在食品廠商的炒作之下，南歐人慣用的橄欖油，從此在台灣以養生、健康之名行銷歷久不衰。

在台灣，則經歷過無數的食安風暴，而催生出消費者保護運動以及意識。一九九三年因鎘米事件、農藥殘留等食安問題，由一群環境保護團體發起「共同購買運動」，直接向農友購買安心的食物，二〇〇一年更進一步成立公司，再轉型為生活消費合作社。

這種從消費端發起，經由消費者的覺醒來催生農業生產端的變化，使得政府也必須回應這重大的民生課題，在二〇〇七年首度將有機農業及其產品納入國家規範，更在二〇一八年催生出《有機農業促進法》之立法，宣示政府在維護水土資源、生態環境、生物多樣性、動物福祉以及消費者權益上負有積極責任，這一代人未必能完全解決長時間累積下來的問題。然而，一旦開始便有機會往更好的未來前進。

課堂上，我們帶學生烘焙蜜柚斯康，手搓粉圓做珍珠奶茶，探索這些西化飲食如何滲透進台灣人的飲食日常，理解食材選用與吃的方法對飲食文化的重要性。藉由做南瓜海鮮濃湯，討論海鮮當道的飲食文化現況對海洋環境的衝擊，以地瓜全麥捲餅這種低ＧＩ食物來反思熱門的健身風潮帶來的飲食衝擊。我們期待學生在這些看似新穎的烹飪和食物中看到自身飲食文化的來歷，在慢慢地做菜、慢慢地吃以及享受過程中的儀式感，理解吃當季、天然的食材，不但風味更佳也讓人吃得健康、對土地好，可以使地球永續發展。這就是所謂的「新人文主義飲食」：人類愈能在精神上滋養自然環境，環境自身的成長也會反過來滋養人類。

關於吃喝這一件事，除了「我愛這麼吃」、「我負擔得起」的思維之外，還更需要面對飲食這件事的外部性，也就是說應該要關懷被我們食用的動物的福祉、為我們整備食物的勞工處境，以及承擔這一切的地球環境。每一套可以行之久遠的飲食文化必定要在這之間達成達成平衡，而其中最核心的就是「再在地化」（relocalized），也就是季節性與區域在地性。

人類在天性中本就喜歡親近在地一同演化出來的動物和植物，也就是說，只有堅實的飲食文化，我們才不會受到食品工業和商人的誘騙。飲食文化是一方人的體質與土地環境，長時間且大規模互動所操演出來的生活智慧，怎樣吃關乎的是背後對社會文化的認可，價格和技能取得的便利性，乃至於生產和消費食物的責任感。

台灣是個移民社會，各色移民帶進自身的飲食文化，同時，對外來飲食的接受度也很大，每隔一段時期在實際的社會需要和媒體的推波助瀾下，總有各式的飲食風潮盛行，讓人應接不暇。但在滿足口腹之欲之餘，關於食物，在好吃之餘，還有文化認同、便利性與環境責任等相關議題可以讓我們想得更多。

延伸思考

一、台灣現今的飲食文化內涵是什麼？如何形成的？

二、農業工業化和加工食品是怎樣出現與發展的？

三、飲食和環境、生態的關聯是什麼？

四、如何因應飲食對環境的衝擊和影響？

參考資料

劉志偉〈國際農糧體制與台灣的糧食依賴〉

泰拉斯・格雷斯哥《海鮮美味的輓歌：一位老饕的環球行動》

麥可・波倫《雜食者的兩難：速食、有機和野生食物的自然史》

追求幸福的滋味——蜜柚司康

◎黃文儀

高中的校慶園遊會，各班無不挖空心思設計各種主題的攤位，這幾年常見文青甜點風，處於青春年華的清新偶爾帶點詼諧逗趣。布丁、鬆餅、餅乾這類簡易製作的西式甜點，成爲園遊會飲食的熱賣產品。高中生喜歡說：「甜點是第二個胃！」現在的高中生連讀書場所也喜歡選在咖啡店，如星巴克、路易莎……，和他們聊起這類的話題，他們會滔滔不絕地跟你分享那一家或那一分店的環境最好、客人最少，是讀書自學、準備考試的首選。

新世代，是在奶水與蜜的滋潤下成長，感受很直覺，表達很也直接。老掉牙式的拐彎抹角與含蓄婉轉，中生代的我和他們互動時直球對決，往往只會落得氣淤內傷。而高中生還是一派天眞，連惹你難過生氣的點在哪裡都渾然不覺！

身爲高中老師的我，連年處在浪莽青春的第一線，在他們「調教」之下，其實也慢慢欣賞起這樣直來直往的互動方式，明白新世代的高中生不是說不得、管不來，而是不能用權威式的高壓管理，要用道理去說服溝通。當然「以理服人」的教育方式，有時緩不濟急，有時知易行難，但就安慰自己：盡人事聽天命吧！成長是需要時間的沉澱與自我的覺察。所以，長年和高中生相處的我，幸福的滋味就是在悠閒的午後來杯咖啡和甜點！

基於新世代喜歡吃西式甜點，所以在設計實作課程時會希望放進烘焙的料理，但受限於時間和環境設備，選擇實在很有限。在一番評估後，決定安排高中生們做司康（Scone）。高中生的人文廚房，首次進行西點烘焙，同學們也顯得躍躍欲試！但適逢秋老虎發威的天氣，要烤司康是項挑戰，擔心奶油軟化，所以一直提醒他們動作要快！

先切奶油丁冷藏，再來量其他材料，發現累積了幾次的實作經驗，小組的默契愈來愈好，合作無間！當麵團先送進冰箱冷藏鬆弛時，就是小組討論的時間，今天的主題除了節氣的認識與討論，也藉由製作西式甜點來認識異國文化對於節令飲食有何不同？先放兩段影片：

一、討論越南和台灣的中秋節有何不同？（https://reurl.cc/qLlqrn，注1）學生從影片中了解：越南的中秋節是團圓節，也代表兒童的節日，會提燈籠遊街，也會舞獅，代表好運。節慶食物也有月餅，他們的月餅有烘烤金黃的燒餅和以白色或綠色爲主、口感軟Q的Q餅，也會吃柚子當節慶食物。

二、義大利秋天的節慶——阿韋拉主題慶典（https://reurl.cc/N07gDq，注2）

義大利的阿韋拉（Avella）是栗子的產地，在每年十月的第二個星期六，就是慶祝栗子收成的慶典活動進入最高潮的時刻，不只有栗子還有各式堅果和蕈菇，以及風乾的醃燻豬肉火腿等節令食物。

在這天，當地的男性都要穿上盔甲、手握長劍，重演舊時當地居民勇敢地抵抗鄰城的突襲，並且獲勝的光榮戰役。藉由節慶活動結合食物、歷史與人文，一座城市的

注1

注2

生命力將生生不息。

最後引導學生思索：節氣和人和食物的關係是什麼？看到學生的回答：「生活中許多食物的種植與採收都與節氣有關，人們也因為節氣發展出各式各樣的文化慶典，凝聚人與人之間的情感。」每一次上課，都能讓他們對於日常囫圇吞棗的飲食，能夠在文章裡、在影片中，緩緩減速地思索討論，咀嚼出食物背後更深刻的味道。

討論暫告段落，各組拿出冷藏的麵團，擀平整後再用模具切割，當然在創意十足的高中生手中，出現愛心圖樣的司康也不足為奇啦！兩台小烤箱要各自兩回合，才能烤完四組的作品，以柚子果醬加入杏桃果乾、蜜漬橙皮的司康，真的充滿了濃濃的秋日風情，烤出爐的成品也頗有水準！

在等待司康出爐的時間，讓學生看一篇介紹司康由來的短文，請他們以條列法歸納出這篇文章的三則重點。在洋溢著奶油香氣的廚房裡培養閱讀理解的素養，聞著司康的香氣，閱讀相關的文章並整理出有用的知識，是身心皆幸福的況味啊！

剛出爐的司康，濃郁的奶油香氣，剩餘的柚子果醬加上紅茶包，讓學生們有司康吃，有蜜柚紅茶喝，一舉兩得！期末的總回饋裡，有位學生寫道：「這是第一次做烘焙的經驗，蜜柚司康搭配著溫熱的柚子紅茶，希望有空也能動手做給家人吃。」所以這般幸福的滋味是帶著愛的能量，可以傳遞下去。

食譜

◆食材（8～10個）

1 低筋麵粉300克
2 泡打粉15克
3 細砂糖40克
4 鹽半小匙
5 奶油50克
6 韓國柚子醬60克
7 鮮奶120克
8 果乾（杏桃、蜜漬柳橙皮）50克
9 表面裝飾：蛋黃液

◆步驟

1 奶油切丁冷藏，果乾切粒備用。

2 麵粉加入泡打粉、砂糖、鹽、奶油丁，搓成粉粒。

3 放入果醬果粒，倒入牛奶，將麵團聚合成團，冷藏15～20分鐘。

4 擀平摺疊（厚度2.5公分），壓模，表面塗蛋黃液。

5 烤箱預熱後（上下火200度）烤15分鐘。

克服偏食的滋味——南瓜海鮮濃湯

◎黃文儀

每回和朋友、同事們聊著媽媽經時，一定會出現的話題就是——小孩偏食，在物資寡匱的年代，吃飽都是奢想時，怎麼會有偏食的問題？但在豐足有餘的現今，偏食似乎也是新世代常見的症頭。尤其是多半家庭大多以外食爲主，在「趨吉避凶」的天性使然下，多半只會選擇想吃的、愛吃的食物，大家吃進肚子裡的食物愈來愈單一，所以愈是富裕的年代，食物的多樣性卻漸漸消失。

也因爲如此，市場反應不好的蔬果，農民不種了，大家不愛吃肥肉的時勢潮流下，養殖家禽家畜的業者也要想盡辦法養出瘦肉比率高的禽畜。在科技文明的時代裡，農藥愈來愈多，地力卻愈來愈貧瘠，海洋資源也愈來愈枯竭。外食愈普及，但飲食的選擇反而是限縮的，這是值得省思的問題。

高中生的人文廚房，上學期是以節令的蔬果爲主題，開了課後，才發現這是一項對於學生偏食問題的挑戰。尤其到了「南瓜」這個主題，不知是因爲很少吃南瓜還是因爲食用南瓜料理的經驗都不太美好，上課前，高中生有股提不起勁的興趣缺缺。

因爲是湯物料裡，自然是大鍋湯的味道會更勝一籌，所以這次上課的方式不再是分組完成，而是由各組各自分擔一部分工作，然後煮成一大鍋南瓜濃湯。各組分配到的工作有：蒸南瓜、炒洋蔥、汆燙海鮮和切烤厚片土司。

然後就在蒸南瓜的縷縷炊煙及慢炒洋蔥的香甜氣味中，先看了一段阿辰師如何用七道台式料理煮出一桌套餐宴請法國里昂大廚師的影片。（https://reurl.cc/2LdeQm，注1）

這段影片的主要用意便是在鋪陳期末成果展的主題——我的台灣餐桌。所以先藉由具有濃濃台客風的阿辰師宴請法國主廚的「台灣餐桌」以激盪腦力，看過影片後先讓學生討論阿辰師規劃了那些餐食是代表台菜的特色？甚至他在異國，只能利用異國食

注1

材卻能演繹出台式料理的精髓，以及他運用了那些烹調方法來做台灣菜？透過大師的示範，再回歸期末的任務，各組的台灣餐桌將慢慢成形……。

討論先告一段落，南瓜也蒸軟了，負責炒洋蔥的男孩很有耐心地站在爐前仔細翻炒，鍋中的洋蔥已呈現金黃帶褐的焦糖色。將南瓜和洋蔥加了水，倒入果汁機打成濃湯，再次煮滾後，放進了海鮮配料，加了少許的鮮奶油，再撒上義式香草乾葉，每一個人面前都有一碗色彩繽紛溫暖的南瓜濃湯及烤得香酥的吐司佐湯。大家都迫不及待地品嘗，表情都滿足極了。

有一位平日上課都略顯意興闌珊的男孩，很開心地跑到我面前問：「老師，你用的鮮奶油是什麼牌子？在哪裡買？」幾次上課都發現很偏食的他，這次竟然表現了強烈的熱情！他表示：不喜歡吃南瓜，對南瓜濃湯也沒興趣，但好喜歡這次的南瓜濃湯。平日表情顯得冷淡陰鬱，今天下課時，竟搖身一變爲帶著陽光朝氣的男孩，希望溫暖的南瓜濃湯可以爲他繼續注入活力。當然更希望每位高中生都能用五感體驗，並化爲文字來描述這一道食材豐富、色彩繽紛的湯品。

蛋黃色的湯底，擺上鮮美的淡菜、亮紅的蝦仁、潔白的花枝，配上羅勒香草乾葉，再用鮮奶油點綴，組合成豐富繽紛的南瓜濃湯，厚片吐司沾上濃湯，濃密的口感與外酥內軟的麵包融合在一起，色香味俱全的滿足感油然而生。

好幾位學生都提到：「不喜歡南瓜的我都不禁愛上這道湯。」年輕的世代很偏食，但也很容易調整，用些巧思，變化烹調的方式，或許可以讓他們願意接觸這些原本避之唯恐不及的食物。

在學期末總回饋時，有學生對於這堂課採取由各組分工共同完成的方式提出不同的想法：「每一組只完成一部分，這樣很可惜，因爲沒有辦法做到每個流程。」看到這樣的建議，心中頗感欣慰，代表他們對於實作料理的熱忱與興趣，所以不能滿足於只做一小部分，而是希望可以從頭到尾都親自完成。看到學生表達出學習的動力，對老師而言是莫大的鼓勵。

食譜

◆食材（5～8人份）

1 南瓜800克
2 洋蔥200克
3 高湯（清水）500克
4 鯛魚片一片
5 鮮蝦10尾
6 蛤蜊或淡菜10顆
7 透抽 一尾
8 鮮奶油適量
9 義式香料葉適量

◆步驟

1 南瓜切塊，放入電鍋蒸軟。
2 洋蔥切絲炒成焦糖色。
3 海鮮燙熟。
4 用果汁機將南瓜和洋蔥加水或高湯打成濃湯，加鹽調味再次煮滾。
5 放入海鮮料，淋上鮮奶油及撒上義式香料葉。

健康慢食的滋味——番薯泥捲餅

◎黃文儀

最初看到舒肥雞胸成爲熱銷食品，頗感詫異，眞有那麼多人喜歡這樣的食物嗎？沒想到幾波健康飲食的熱潮前仆後繼：低醣、生酮、168斷食法、211餐盤飲食法……。各種飲食控制、瘦身減重的奇門妙方仍方興未艾！

記得女兒讀高中時，有時訂外食便當，她會提到低GI餐盒，一問之下，才知道這是頗受時下高中生喜愛的健康餐盒。一直以爲年輕人對於外食的口味就是高油高糖的炸物或手搖飲，後來慢慢發覺，新世代對於健康的觀念接受度很高：練核心運動、吃高蛋白低熱量的飲食，這都是我逐漸從年輕人身上學到的新知！

記得有一回外食，女兒向我推薦夏威夷彩虹飯，我當下反應是嗤之以鼻，覺得各色以生食爲主的食材，不但沒有烹調技法可言，價錢還所費不貲！眞的會有人買單？結果還眞的頗受年輕人歡迎。平日常走逛在大學城附近的餐飲一級戰區——溫州街——健康餐盒店、蔬食餐飲店四處可見，足見飲食觀念的翻轉正從年輕世代開始！

番薯，對學生而言，不是很吸引他們的食材，尤其他們一聽到番薯泥，不少人直覺的反應是不好吃、很噁心！更遑論看到食材裡還有芝麻粉，這種直接被歸類爲老人家的食物。這些都是他們日常生活中比較少接觸的食物，如何改變他們的印象呢？就期待今天的食材組合之後，如何撞擊出意料之外的美味吧！

這次課程的主題是「慢食」，藉由手作這道口感豐富的蔬食料理，帶入吃在地、當季食物的飲食概念。學生先將番薯削皮切塊放入電鍋蒸熟，蘋果、小黃瓜切絲泡鹽水。原以爲只要交代學生蔬果類的都切絲，他們就可以自行處理，實際操作後才發現他們對於小黃瓜如何切成絲狀是沒有概念的，這也讓我思索，這樣對於基本廚事操作毫無經驗的現象：就我的經驗，傳統的家庭，廚房裡總有洗手作羹湯的身影，耳濡目染下，即使沒有眞正下廚，對於廚事也不陌生。

現在不少家庭是幾乎外食，家中從不開伙，沒有學習觀摩的對象，廚事經驗就很匱乏。所以帶著他們先將小黃瓜切成斜片，然後再切絲，幾個學生看到小黃瓜如何切成絲都發出了驚呼，令人莞爾！但是看到他們一點一滴地學起並且實際操作，對於日後他們可以爲自己準備健康營養的餐食就更具信心。

食材準備妥當後，就由惠貞帶領學生進入兩段影片的觀看與討論：

一、美食評論家謝忠道先生比較法國和台灣的飲食文化。（https://reurl.cc/01rGRo，注1）

先討論在西式餐廳用餐應該注意的禮節，例如：打嗝是不禮貌的行爲，吃東西時嘴巴要緊閉、不出聲，不要急著一直招手叫服務生，因爲在高級的餐廳裡，服務生有其專業訓練，掌握了上菜的一貫流程與節奏，頻頻催促是不禮貌的，而且也不會比較快。然後從影片中了解法國飲食的精髓是「儀式感」的呈現，所謂的fooding就是投入情感，享受慢慢做菜、上菜和品菜的過程。

再來比較法國和台灣各自飲食文化的特色，台灣的生活步調緊湊，吃飯的速度快，

注1

也不在意用餐時的氣氛，甚至吃飯配電視是常態。但是台灣的食材多樣性，食物多元，也是屬於台灣在地的特色。最後從愈來愈多法國餐廳採用在地當季的有機食材，讓學生去思索這樣的做法及目的各是什麼？

透過影片中不同飲食文化的比較，可以看到學生們聚精會神的表情，並時而會心一笑，時而點頭認同。

二、遠見雜誌〈慢食慢城〉篇（https://reurl.cc/LAkgge，注2）

短片從《紐約時報》專欄作家湯瑪斯．佛里曼（Thomas L. Friedman）呼籲人們要從科技化的加速生活逆向操作回歸減速生活開始，介紹了台東和苗栗的城鎮開始落實慢食生活的計畫，讓學生透過影片去討論何謂「慢食」？就是吃在地當季的食材，了解食物的來源，更能重視食材的價值，品嘗食物的過程就是品味風土。當然也讓他們彼此討論是否支持這樣的主張？大多的學生都是持肯定的態度，不過也欣見學生提出不同的想法：如果只倡導在地當季的食物，就減少了對外地多元食材的探求與品嘗了。透過各種想法的激盪與討論，可以讓飲食不只是飲食，就是高中生的人文廚房最樂意見到的

注2

風景。

討論告一段落，番薯也蒸熟，稍微放涼。先示範捲餅的做法：番薯泥就是天然美味的抹醬，黑芝麻粉、海苔香鬆可以增添濃郁的風味，蘋果絲、小黃瓜絲和葡萄乾又提供了更豐富的滋味和口感。

配合飲食儀式感和慢食的想法，學生手作捲餅，要練習擺盤，品嘗後要寫出各種食材的口感與滋味。從他們寫出的品味感受：

番薯泥和餅皮融合在一起，增加滑潤的甜味。芝麻有堅果的香氣，小黃瓜和蘋果的清脆讓口感更豐富，並帶有清甜的滋味。海苔香鬆可以增添鹹味與香氣。葡萄乾的甜中微酸，更有解膩的作用。

將品味的過程訴諸爲文字，洋溢著慢食生活的儀式感，而且這道料理大大顚覆他們原本對於番薯的想像，帶著鄉土草根的番薯也能華麗變身成爲時尚健康的蔬食料理！

食譜

◆食材（4人份）

1 番薯600克
2 全麥Q餅4張
3 黑芝麻粉4湯匙
4 蘋果一顆
5 小黃瓜一條
6 海苔素香鬆4湯匙
7 葡萄乾適量

◆調味料

1 鹽

◆步驟

1 番薯削皮蒸熟，放涼後壓成泥。

2 小黃瓜、蘋果切絲，泡鹽水後取出備用。

3 全麥Q皮攤平，先塗上番薯泥，依序鋪上黑芝麻粉、香鬆、小黃瓜絲、蘋果絲和葡萄乾。

4 捲起餅皮時，力道適中緊裹食材，像捲春捲一樣。

5 捲好對切。

青春甜蜜的滋味——珍珠奶茶

◎黃文儀

號稱國民飲料的珍珠奶茶，可說是高中生的心頭好，曾經看過高中生形容珍奶是她的「血液」！看似浮誇，其實這是年輕人日常飲食不可或缺的甜品飲料。和高中生聊起各家手搖飲，他們可以如數家珍地分析各店家的招牌飲料，甚至還可以依據茶味、奶香和粉圓的口感，頭頭是道地排出推薦排行榜。該要半糖還是微糖？要去冰抑或少冰？每個人都有各自喜歡的黃金比例。

高中生們人手一杯的珍珠奶茶，就像是交換著青春的符碼，多少的多愁善感、多少的熱血澎湃都編碼在這杯飲料裡，是他們才懂得的青春旋律。想起吳志寧有本創作書叫做《只有青春唱不停》，在珍珠奶茶的世界裡，甜蜜的青春是嚼嚼咬咬停不下來的。

不過，常有營養學者提出珍珠奶茶含糖量過高的健康隱憂，長期攝取容易造成各種疾病的產生。儘管不斷地呼籲，但手搖飲店依然林立在大街小巷，各式飲品也不斷推陳出新，如何能抵擋得了誘惑呢？與其一味的否定，還不如就讓高中生親自手搓粉圓、熬糖漿、煮紅茶、兌鮮奶，教他們自製一杯道地的珍珠奶茶。就像我兒時享用糖水甜品的記憶，常常是在炎炎夏日，帶著一身的暑熱回到家中，最期待的就是打開冰箱，有一鍋冰涼的綠豆湯或愛玉仙草。想讓學生明瞭：喜歡喝的飲料不一定非得掏錢去買，自己也可以做得出來。

前一天就利用課餘時間讓學生先行準備紅茶冰塊，剛好適合隔天上課略感炎熱的天候，有清涼飲品正消暑！上課當天也是提早一節課先幫學生悶煮古早味紅茶。（要訣一：煮紅茶是水滾後放茶包，熄火，蓋上鍋蓋悶出茶味與茶香。）課堂一開始，先交代製作流程，學生開始熬煮糖漿。（要訣二：先炒糖再加水，煮出焦糖香，才能完整釋放糖的香氣。）再來就是純手工的製作粉圓。（要訣三：黑糖漿要滾沸，沖入樹薯粉，粉團才能混合均勻。）從聚合粉團到擀平再到切成適當大小，然後一一搓圓，因爲兩節課的時間有限，想把粉圓搓得圓滾漂亮，就得分秒必爭，每個人都卯足了勁，「手」力全開，高中生們總算可以體會「誰知杯中圓，粒粒皆辛苦」啊！看著他們雙手忙碌得很，表情也非常雀躍期待，課堂裡眞的洋溢著舞動的青春。

利用煮悶粉圓的時間，先看兩段影片了解珍珠奶茶的版權之爭以及國際上對珍珠奶茶的風靡。

第一部影片是由翰林茶館的創辦人談珍珠奶茶誕生的祕密，後來爲何演變成兩家茶館在爭奪誰是最初的發明者，也因此訴訟了十年，最後如何落幕的過程。可以讓學生了解珍奶在台灣興起熱潮的歷史淵源，並進而去討論發明者後來爲什麼認爲沒有取得這項產品的專利權反而是好的？一杯飲料的背後，原來還有這些錯綜複雜的糾葛，也可以藉此實例認識商業上的專利權之爭。（https://reurl.cc/656MRd，注1）

第二部影片是關於紐約舉辦首屆台灣珍奶節的新聞，藉由珍珠奶茶外交來行銷台灣，因爲不少外國人還不知道原來珍珠奶茶的創始地是在台灣。也利用這段影片激發

注 1

高中生的創造力，如果還要再辦第二屆台灣珍奶節，請他們設計一份圖文宣傳單。這時就可以看出他們的巧思，在珍奶的插圖上鑲嵌進台灣的地圖或名稱，展現了年輕世代的創造力。（https://reurl.cc/jDn24Z，注2）

討論的尾聲，試圖引入比較嚴肅的食安問題，就前幾年的食安風暴——毒澱粉、塑化劑及毒茶葉的新聞，讓學生去思索如何兼顧珍奶的美味與食品安全。因爲這些曾經鬧得沸沸揚揚的食安新聞，隨著時間流逝而漸漸被人淡忘，所以有必要提醒學生們如何注意去購買符合食品安全的手搖飲。在各種食材原料的取得上，必須合乎食品安全的標準。藉由這次課堂上的手作料理，更想讓他們知道：一杯好喝的飲料不一定只能去店家買，自己也可以做得出來。

討論結束，粉圓已在鍋中悶得熟透亮滑，濾出粉圓備用。先將紅茶和糖漿混合再放入紅茶冰，兌入牛奶，最後放入粉圓。看到學生拿出各種水瓶或杯子裝盛，頗像市售的手搖飲，看到自己親手做的珍珠奶茶，成就感油然而生！

注2

食譜（5人份）

◆食材A：奶茶

1 紅茶（商業用的大包茶包，水1500克）
2 二砂糖150克
3 水50克
4 鮮奶550克

◆食材B：粉圓

1 樹薯粉220克
2 黑糖70克
3 水150克

◆步驟

1 煮紅茶，水滾放紅茶包，熄火蓋鍋蓋悶20分鐘。
2 熬糖漿。
3 做粉圓：黑糖加水煮滾，沖入樹薯粉，揉捏成團，切成適當大小，揉搓成圓球。
4 水滾煮粉圓，煮到半透明狀即關火，蓋鍋蓋悶到熟透。
5 紅茶放入糖漿及牛奶，可以加適量的冰塊並放入粉圓。

餐桌上的理性——與——感性

高中生的人文廚房

看世界的方法 240

文字　黃文儀、黃惠貞
攝影　林煜幃
封面設計　兒日
責任編輯　林煜幃

董事長　林明燕
副董事長　林良珀
藝術總監　黃寶萍

社長　許悔之
總編輯　林煜幃
副總編輯　施彥如
美術主編　吳佳璘
主編　魏于婷
行政助理　陳芃妤

策略顧問　黃惠美・郭旭原
郭思敏・郭孟君
顧問　施昇輝・張佳雯
謝恩仁・林志隆
法律顧問　國際通商法律事務所
邵瓊慧律師

出版　有鹿文化事業有限公司｜台北市大安區信義路三段106號10樓之4
T. 02-2700-8388｜F. 02-2700-8178｜www.uniqueroute.com
M. service@uniqueroute.com

製版印刷　沐春行銷創意有限公司

總經銷　紅螞蟻圖書有限公司｜台北市內湖區舊宗路二段121巷19號
T. 02-2795-3656｜F. 02-2795-4100｜www.e-redant.com

ISBN ——— 978-626-7262-40-5
初版 ——— 2023年9月
定價 ——— 360元

餐桌上的理性與感性：高中生的人文廚房 / 黃文儀、黃惠貞著 — 初版．— 臺北市：有鹿文化事業有限公司
2023.09．256面；14.8 x 21公分 —（看世界的方法；240）ISBN 978-626-7262-40-5（平裝）
1. 飲食風俗　2. 臺灣文化　3. 文集　538.7833 ……………………… 112014067